“认识中国·中国基本制度”系列丛书

U0772466

人民代表大会制度

全过程人民民主的重要制度载体

◎ 本书编写组

胡德长　陈言星　许崇峰　席拾根
魏腾飞　王慧博　庄泽林　黄　涛

五洲传播出版社

序　言

国之兴衰系于制，民之安乐皆由治。制度是国家之基、社会之规、治理之据，制度优势是一个国家的最大优势。一个国家选择什么样的国家制度和国家治理体系，是由这个国家的历史文化、社会性质、经济发展水平决定的。中国十分重视制度建设的科学性、可行性、稳固性，中国特色社会主义制度是被实践反复证明有显著优势的制度体系。中国共产党在长期革命、建设、改革和发展的时代进程中，团结带领人民不断探索实践，逐步形成了中国特色社会主义制度，形成经济、政治、文化、社会、生态文明、军事、外交等一整套更加成熟更加定型的制度。这是人类制度文明史上的伟大创造，也是人类制度文明史上前所未有的巨大而生动的实践。坚持和完善中国特色社会主义制度、推进国家治理体系和治理能力现代化的成功实践，为当代中国发展进步提供了根本制度保障，也为世界和平发展提供了独特的中国方案。

读懂中国，首先要读懂中国共产党，中国共产党领导是中国特色社会主义最本质的特征，是中国特色社会主义制度的最大优势。而读懂中国共产党，就要了解中国制度选择的探索史、中国制度建设的发展史、中国制度自信的理论逻辑，以及中国共产党制定各项制度的指导思想、理论基础、目标任务、实践要求等。在中国，党的全面领导不是抽象的而是具体的，涉及国家治理的各领域各方面各环节，体现在各级各类组织的活动之中。而这一整套多层次、全方位的制度安排，都是为了实现这样一个政治目标和崇高追求：如何充分体现人民当家作主的要求，如何真正实现人民当家作主，从而维护人民根本利益。

认识中国，就要了解中国基本制度。评判一种制度是否行得通、有效率、真管用，实践最有说服力。70多年来，中国共产党团结带领中国人民创造了世所罕见的经济快速发展奇迹和社会长期稳定奇迹，这“两大奇迹”是党带领人民长期不懈奋斗的必然结果，也是中国国家制度和治理体系显著优势充分发挥的必然结果。当前，世界百年未有之大变局加速演进，人类命运共同体构建的任务更加艰巨与迫切。“世界怎么了、我们怎么办”？在世界之变、时代之变、历史之变中，世界迫切需要更多更强大的确定性力量，来科学回答世界之问、人民之问、时代之问，为处于历史十字路口的人类社会现代化进程指明前进方向。

实践证明，中国特色社会主义制度是以马克思主义为指导、植根中国大地、具有深厚中华文化根基、深得人民拥护的制度，是具有强大生命力和巨大优越性的制度。党的十八大以来，国家制度建设被放在前所未有的历史高度，当下，中国正处于实现中华民族伟大复兴关键时期，正在坚持和完善中国特色社会主义制度、推进国家治理体系和治理能力现代化上下更大功夫。世界上越来越多的人，对中国制度及其独特优势有了比较充分的认识了解，但也仍然有一些人，对中国特色社会主义制度不甚了解，甚至存在误解误读。在此背景下问世的“认识中国·中国基本制度”系列丛书，无疑能够及时回应国内国际关切，科学回答世界之问、时代之问、民心之问、道义之问。

中国特色社会主义制度是严密完整的科学制度体系，其中，起枝干作用的是中国特色社会主义根本制度、基本制度、重要制度，它们构建起国家制度和治理体系的总体框架，是中国特色社会主义制度的

“总纲”和“总遵循”，是认识了解中国特色社会主义制度和国家治理体系必不可缺的部分。基于此，“认识中国·中国基本制度”系列丛书共分5册，分别是：《人民代表大会制度：全过程人民民主的重要制度载体》《多党合作与政治协商制度：中国式民主的伟大创举》《民族区域自治制度：民族团结和睦的根本保证》《基层群众自治制度：保障人民当家作主的有效途径》《一国两制：维护国家统一和领土完整的重要制度》。

人民代表大会制度是坚持党的领导、人民当家作主、依法治国有机统一的根本政治制度安排。《人民代表大会制度：全过程人民民主的重要制度载体》一书全面系统介绍了人民代表大会制度的形成、运作和发展的历史过程和生动实践，重点介绍了人大制度的独特优势和重要作用、宪法和人民代表大会制度的关系、人大选举制度、人大代表的履职和作用、立法制度和立法工作、人大监督制度和监督工作、人大及其常委会会议制度、人大对外交往等方面的基本情况。

在中国国家政治生活中，中国共产党领导的多党合作和政治协商制度、民族区域自治制度、基层群众自治制度这3个方面的制度作为基本制度，对于协调政党关系、解决民族问题、推进基层直接民主起到了基础性作用。它们是符合中国国情、具有独特优势和强大效能的制度创造。《多党合作与政治协商制度：中国式民主的伟大创举》一书，围绕这一新型政党制度是怎么来的、优势是什么、如何运行、如何发展完善、人民政协如何发挥作用等方面，作了介绍。《民族区域自治制度：民族团结和睦的根本保证》一书，围绕这一基本政治制度的形成、发展完善和实际运行，着重介绍了它的发展历程、主要内容、显著特点和成功实践。《基层群众自治制度：保障人民当家作主的有效途径》一书，全面系统介绍了独具中国特色的基层群众自治制度，包括基层群众自治制度的本质和核心、基本原则、组织形式，重点介绍了村(居)民的民主选举，村（居）民委员会组成、职责与运行机制，村（居）民会议，村（居）务公开，城乡社区协商，村规民约和居民公约以及企事业单位民主管理制度等。

“一国两制”是中国共产党领导人民实现祖国和平统一的一项重要制度，是一个新生事物，是中国特色社会主义的一个伟大创举。“一国”是实行“两制”的前提和基础，“两制”从属和派生于“一国”并统一于“一国”之内。《一国两制：维护国家统一和领土完整的重要制度》一书，以制度为主轴，结合理论、历史和实践，分析了“一国两制”的起源和形成，介绍了“一国两制”在香港和澳门的巨大成功，论证了香港、澳门重新纳入国家治理体系的过程和基本标志，梳理了党中央对台大政方针政策的发展演变，并对“一国两制”的历史定位和世界价值进行了深入探讨，对于2019年以来香港政治形势的发展变化也有专门分析和介绍。

了解一国制度，不但要知其然，还要知其所以然。这套丛书，紧紧围绕几个重要问题展开：中国制度为什么好？中国制度为什么行得通？中国制度的优势在哪里？通过历史溯源、制度演进、经验介绍、案例分析、延伸阅读等，全面系统地介绍中国基本制度的历史经纬、形成发展与成功实践的历史史实，使广大读者能够进一步了解中国制度的优越性，并从中深刻体会中国力量、中国精神，找出“中国之治”、中国方案踔厉笃行的基因密码。

这套丛书，大处着眼，细处着笔，文字通俗易懂，以立体、丰富的方式表现立体、丰富的中国制度故事和鲜活实践，把“大道理”融入“金句”“延伸阅读”“知识链接”等多种呈现方式之中，让“中国之治”具象化、动起来、活起来。这套丛书既适宜普通读者阅读，对专业研究人员也有参考价值，对于帮助大家了解“中国之制”和“中国之治”有一定的益处。希望它们能够在广大读者心中产生强烈共鸣。

目　录

一、人民代表大会制度的形成和发展

一个国家实行什么样的政治制度、走什么样的政治发展道路，是关系根本、关系全局的重大问题。建立什么样的国家政治制度，是近代以后中华民族、中国人民面临的一个历史性课题。人民代表大会制度是我国的根本政治制度，是实现全过程人民民主的重要制度载体。中国实行人民代表大会制度，是中国人民在人类政治制度史上的伟大创造，是深刻总结近代以后中国政治生活惨痛教训得出的基本结论，是中国社会一百多年激越变革、激荡发展的历史结果，是中国人民翻身作主、掌握自己命运的必然选择。

（一）中国人民对建立国家政治制度的摸索

1840 年鸦片战争后，中国逐步成为半殖民地半封建社会。延续了 2000 多年的封建专制制度已经腐朽不堪，难以应对日益深重的政治危机和民族危机。面临“数千年未有之变局”，清朝统治集团内部的开明人士决心学习西方先进技术，推行以“富国强兵”为目标的洋务运动。然而，在中日甲午战争中，中国惨败，洋务运动彻底破产。在以康有为、梁启超、谭嗣同等为代表的维新派推动下，光绪皇帝颁布了明定国是诏书，宣布变法，在政治、经济、军事、文教等方面进行变革，但这场变法历时 103 天即告失败。内外交困中的清政府从

1901 年起推行所谓新政，先后派五大臣访问日本和欧美，宣布实行“预备仿行宪政”，颁布《钦定宪法大纲》等，并于 1911 年 11 月 3 日颁布《宪法重大信条十九条》，决定按君主立宪制组织责任内阁。然而，清王朝大势已去、无力回天。1912 年 2 月 12 日，清帝溥仪退位，“清末新政”宣告失败。

延伸阅读：五口通商

1842 年英国强迫清政府签订《南京条约》，迫使中国开放广州、福州、厦门、宁波、上海五处为通商口岸，实行自由贸易，通称五口通商。它开创了帝国主义强迫中国开港的先例，中国主权遭到严重损害，西方各国在经济、文化上开始对中国产生较大的影响。

以孙中山为代表的资产阶级革命派高扬反对封建专制统治的旗帜，在多次武装起义遭到镇压后，终于在 1911 年推翻了清王朝，建立了中华民国，结束了延续两千余年的封建君主专制制度，孙中山被推举为临时大总统，颁布了中国第一部资产阶级性质的宪法——《中华民国临时约法》。但是，革命果实很快被袁世凯窃取，临时约法被撕毁。此后，北洋军阀在政治格局中占据主导地位，袁世凯称帝、张勋复辟等政治闹剧频频上演。表面上看，西式的选举、议会、政党乃至宪法都齐全了，但中国依然是山河破碎、积贫积弱，人民仍生活在苦难和屈辱之中。

1928 年，东北易帜，中国实现了形式上的统一，但国民党统治下的南京国民政府代表着大地主大资产阶级的利益，1931 年通过的《中华民国训政时期临时约法》，更是从法律上确认了国民党的专制独裁统治，对于广大的无产阶级、农民阶级、小资产阶级以及其他社会进步人士来说，始终处于被压迫、被奴役、被剥削的境地，民族独立、国家统一、人民解放的问题一个都没有解决。

一种政治制度的生长，总是与社会土壤息息相关。扎根所生存的土壤，就会不断吸收养分而枝繁叶茂，离开了适宜的土壤，难免“橘生淮北则为枳”。囫囵吞枣、邯郸学步，照抄照搬他国的政治制度是行不通的。只有扎根本国土壤、汲取充沛养分的制度，才最可靠、也最管用。

延伸阅读：民国初期的第一届国会

1912 年 12 月到 1913 年 3 月，中国进行了历史上第一次国会选举，选举产生了 274 名参议员、596 名众议员，时人称为“八百罗汉”，这也是旧中国唯一一届经过全国各省区选举而产生的正式国会。但袁世凯就任大总统后，便着手踢开国会，搞独裁和复辟。1914 年 1 月，第一届国会勉强运转了 9 个多月后被袁世凯非法解散。

（二）中国共产党探索人民当家作主政治制度

1921 年 7 月 23 日，中国共产党第一次全国代表大会在上海法租界一所住宅中秘密举行。为躲避搜查，最后一天的会议转移到浙江嘉兴南湖的一艘游船上举行。大会通过了党的第一个纲领，确定党的名称为“中国共产党”，明确提出“承认苏维埃管理制度，把工人、农民和士兵组织起来，并承认党的根本政治目的是实行社会革命”[1]。大会还讨论通过了党的第一个工作决议，选举了党的中央机构。中国共产党由此宣告成立。这是开天辟地的大事变，深刻改变了近代以后中

1 中央档案馆编：《中国共产党第一次全国代表大会档案资料》（增订本），人民出版社 1984 年版，第 6 页。

华民族发展的方向和进程，深刻改变了中国人民和中华民族的前途和命运，深刻改变了世界发展的趋势和格局。

1. 探索建立劳工专政的政权形式

中国共产党自成立之日起就致力于建立人民当家作主的新社会。在中国共产党领导下，工人、农民等革命群众运动如火如荼地开展起来。大革命时期，中国共产党领导工农运动，在农村组建农民协会，在城市建立罢工工人代表大会和市民代表会议，进行了政权建设的最初探索。1921 年 9 月，浙江萧山县衙前镇组织召开农民代表大会，通过《衙前农民协会宣言》和《衙前农民协会章程》，选举产生农会执行委员会，成立中国第一个新型农民组织。随着北伐战争的胜利推进，农民运动得到更大规模的发展，在农民运动高涨的地区真正做到了“地主权力既倒，农会便成了唯一的权力机关，真正办到了人们所谓‘一切权力归农会’”[2]。1927 年 3 月，上海工人第三次武装起义胜利之后，在周恩来领导下召开上海市民代表会议，选举产生市人民代表会议主席和执行委员，通过《上海特别市市民代表会议政府组织条例》。其中规定，“上海特别市以市民代表会议为最高权力机关”。上述这些政权形式比较简单，实行的范围也比较狭小，却是后来红色政权的最初形式，是为建立新型国家治理模式而进行的初步尝试。

延伸阅读：农民代表大会

农民运动中建立的各级农民代表大会，实际上成为当时农村最有权威的权力机关。根据有关研究报告，当时省农民代表大会，广东召

2 《毛泽东选集》（第一卷），人民出版社 1991 年版，第 14 页。

开过两次，湖南、湖北、江西、河南各召开过一次。湖南于1926年12月召开的省农民代表大会，有52个县和两个特别区的代表共170人参加，大会通过了《铲除贪官污吏土豪劣绅决议案》《乡村自治问题决议案》等40个决议案。

2. 建立中华苏维埃共和国

大革命失败后，中国共产党继续探索适合中国国情的国体与政体，明确提出要建立“工农苏维埃”，建立工农兵代表会议（或工农苏维埃），直至建立中华苏维埃共和国。1927年11月28日，成立了湘赣边界第一个工农兵政权——茶陵县工农兵政府。此后，革命根据地的政权组织形式开始由农民协会向工农苏维埃（工农兵代表会议）转变。井冈山、广州、黄冈、麻城等地的党组织，先后领导工农群众武装建立了工农兵代表会议的政权，各地陆续召开工农兵代表大会。1931年11月7日，中华苏维埃第一次全国代表大会在江西瑞金召开，通过《中华苏维埃共和国宪法大纲》，选举产生中华苏维埃共和国临时中央政府。除中央苏区外，其他革命根据地也建立起苏维埃政权。工农兵代表大会制度具有人民代表大会制度的基本形态。

延伸阅读：苏维埃

苏维埃为俄文音译，意为代表会议或委员会，是俄国十月革命后创建的无产阶级专政的政权组织形式——工农兵苏维埃（工农兵代表大会），其代表可以随时选举并随时更换。1921年，党的一大通过的中国共产党第一个纲领中，明确宣布把建立苏维埃制度作为自己的政治纲领。1927年9月后，中国共产党开始探索建立苏维埃政权。同年11月，广东海陆丰农民暴动成功后，中国第一个农村苏维埃政权——

海陆丰苏维埃政府正式建立。同年12月，张太雷等人领导广州起义，建立了中国第一个城市苏维埃政权——广州公社。1928年在莫斯科召开的中国共产党第六次全国代表大会，通过了《苏维埃政权组织问题决议案》，对成立苏维埃政权应当贯彻的民主选举原则、苏维埃政权的阶级构成、无产阶级的领导原则、党在苏维埃政权的领导方式等作出了明确规定。自此，苏维埃运动在中国广袤的大地上蓬勃兴起。

3. 实行参议会，推行“三三制”

抗日战争时期，为了适应抗战需要，以毛泽东同志为主要代表的中国共产党人继续探索统一战线性质的政权组织形式，在边区实行了以“三三制”为原则的参议会制度，同时提出了建立人民代表大会制度的初步构想。1939年1月，陕甘宁边区召开第一届参议会第一次会议，正式成立陕甘宁边区政府。1940年，毛泽东同志在《新民主主义论》中明确提出：“中国现在可以采取全国人民代表大会、省人民代表大会、县人民代表大会、区人民代表大会直到乡人民代表大会的系统，并由各级代表大会选举政府”[3]。1945年4月，毛泽东同志又在《论联合政府》中指出：“新民主主义的政权组织，应该采取民主集中制，由各级人民代表大会决定大政方针，选举政府”[4]。这些重要思想的提出，标志着中国共产党关于政权建设的理论逐步走向成熟，为新中国成立后实行人民代表大会制度奠定了理论基础。

---

3 《毛泽东选集》（第二卷），人民出版社1991年版，第677页。

4 《毛泽东选集》（第三卷），人民出版社1991年版，第1057页。

延伸阅读：三三制

全面抗战时期，适应建立和巩固抗日民族统一战线的需要，中国共产党将边区的工农民主专政性质的政权转变为抗日民族统一战线性质的政权，陕甘宁边区实行了以“三三制”为原则的参议会制度。所谓“三三制”，是指在各级参议员和政权机关人员构成中，共产党员、非党的左派进步分子、中间分子各占三分之一。

4. 采用两种形式向人民代表大会制度过渡

抗战胜利后，随着阶级关系的变化以及解放区的扩大和土地革命的深入，以毛泽东同志为主要代表的中国共产党人探索废除国民党一党专政、建立民主联合政府，采用人民代表会议和政治协商会议的形式，进一步从理论和实践上向人民代表大会制度过渡。一些地方组织了贫农团和农会作为临时性的基层政权，并以此为基础建立了区、村（乡）两级人民代表会议，作为区、村（乡）两级的权力机关。1946 年，陕甘宁边区将参议会改为人民代表会议。1947 年，中共中央要求在土改中使解放区政权自下而上实行人民代表会议制。各解放区相继召开人民代表会议，向正式建立人民代表大会制度过渡。1948 年 8 月，华北临时人民代表大会在石家庄召开，这是新中国成立前第一次冠以“人民代表大会”的权力机构，大会选举产生了华北人民政府，为夺取全国政权、建立中央人民政府进行了探索性试验，成为全国人民代表大会的前奏和雏形。

1949 年 9 月，中国人民政治协商会议第一届全体会议通过具有临时宪法作用的《中国人民政治协商会议共同纲领》，明确规定，中华人民共和国的国家政权属于人民，人民行使国家政权的机关为各级人民代表大会和各级人民政府。《共同纲领》庄严宣告了实行人民代表大会制度。当时由于普选产生各级人民代表大会的条件还不成熟，采取了过渡的办法，即在中央由中国人民政治协商会议第一届全体会议执行全国人民代表大会的职权，在地方则普遍召开各界人民代表会议，逐步代行人民代表大会的职权。

5. 人民代表大会制度全面实行

1954 年 9 月，第一届全国人民代表大会第一次会议在北京召开，标志着人民代表大会制度在全国范围内建立起来了。会议通过新中国第一部宪法，明确规定中华人民共和国的一切权力属于人民，人民行使权力的机关是全国人民代表大会和地方各级人民代表大会，并对人民代表大会制度作出了一系列具体的规定。一届全国人大一次会议的召开和 1954 年宪法的公布施行，标志着我国人民民主进入全新阶段。自此，人民代表大会制度作为新中国根本政治制度在全国范围建立起来。中国这样一个有五千多年文明史、几亿人口的国家建立起人民当家作主的新型政治制度，在中国政治发展史乃至世界政治发展史上都是具有划时代意义的。

（三）人民代表大会制度在曲折中发展

从 1954 年 9 月到 1957 年上半年，人大工作相当活跃。全国人大及其常委会通过了 80 多件法律、法令和有关法律问题的决定，制定了关于国家机构、经济建设和社会秩序方面的一批重要法律，审查批准了“一五”计划和年度经济计划、预算，决定了综合治理黄河的方案等。积极开展代表工作，从 1955 年起每年组织全国人大代表和省级人大代表进行两次视察，还开展了代表检查工作的活动。各级人大认真履行宪法和法律赋予的职责，为人民政权的巩固和正常运行提供了重要基础和有力保障。

从 1957 年下半年反右斗争起，国家政治、经济、社会生活出现不正常的情况，人大及其常委会工作难以顺利开展，宪法规定的一些职权行使受到影响，立法、监督工作基本停顿下来。1962 年之后，情况有所好转，但人大工作也没有恢复到 1957 年之前的水平。"文化大革命"的十年期间，民主法治遭到严重破坏，人民代表大会制度遭到严重冲击，各级人大难以实际发挥作用。直至粉碎"四人帮"后，全国人大常委会恢复活动，地方各级人民代表大会陆续召开。

延伸阅读：改革开放前制定的法律

据统计，新中国成立后到 1978 年底以前制定的法律共 136 件，包括 1949 年 9 月至 1954 年 9 月由中国人民政治协商会议第一届全体会议和中央人民政府委员会制定或批准的法律和有关法律问题的决定 107 件。目前，这些法律中有效的还有 3 件，分别是：《户口登记条例》（1958 年）、《全国人民代表大会常务委员会关于批准〈国务院关于工人退休、退职的暂行办法〉的决议》（1978 年）、《全国人民代表大会常务委员会关于批准〈国务院关于安置老弱病残干部的暂行办法〉的决议》（1978 年）。

（四）人民代表大会制度在改革开放新时期蓬勃发展

党的十一届三中全会后，我国进入改革开放新时期。人民代表大会制度在经历挫折后，也进入一个新的发展阶段。人民代表大会制度不断完善发展，展现出蓬勃的生机和活力。

选举制度日益完善。中国共有五级人大代表，都由民主选举产生，实行直接选举和间接选举相结合的原则。其中，县乡两级人大代表，按选区由选民一人一票产生。全国省市三级人大代表是间接选举，由下一级人大选举产生。直接选举人大代表由乡、民族乡、镇扩大到不设区的市、市辖区、县、自治县，实现城乡按相同人口比例选举人大代表，实行普遍的差额选举，不断优化代表结构，确保人民代表大会具有最广泛的代表性。

国家政权建设不断加强。1982 年宪法就国家政权体系的组织和建设作出了一系列重要规定，比如扩大全国人大常委会的职权，恢复设立国家主席和副主席，设立中央军事委员会等。此后的宪法修正案又对此作出进一步规定。全国人民代表大会组织法、国务院组织法、地方各级人民代表大会和地方各级人民政府组织法、人民法院组织法、人民检察院组织法等一系列法律相继出台并不断完善，规范了各国家机构的组织、职权和工作制度，国家政权建设取得显著成就。特别是适当扩大全国人大常委会的职权，并加强全国人大常委会的组织建设，在县级以上地方各级人大设立常委会，赋予省级人大及其常委会、较大的市的人大及其常委会制定地方性法规的职权等，大大加强了国家权力机关建设。

延伸阅读：五届全国人大二次会议的“一日七法”

1979 年 7 月 1 日，五届全国人大二次会议一天之内通过了 7 部法律，即刑法、刑事诉讼法、地方各级人民代表大会和地方各级人民政府组织法、全国人民代表大会和地方各级人民代表大会选举法、人民法院组织法、人民检察院组织法、中外合资经营企业法。这就是新中国法治史上著名的“一日七法”，向全世界表明了中国坚定不移推进法制建设的决心。

我们党对人民代表大会制度的认识也逐步深化。党的十三大、十四大、十五大、十六大、十七大报告都把坚持和完善人民代表大会制度作为建设社会主义民主政治的重要内容加以部署推进。江泽民同志强调：“人民代表大会制度是我国的根本政治制度。它是我们党长期进行人民政权建设的经验总结，也是我们党对国家事务实施领导的一大特色和优势”[5]。胡锦涛同志指出：“人民代表大会制度是中国人民当家作主的重要途径和最高实现形式，是中国社会主义政治文明的重要载体”[6]。

（五）新时代人民代表大会制度发展开辟新局面

党的十八大以来，以习近平同志为核心的党中央团结带领全国各族人民坚持和发展中国特色社会主义，坚持党的领导、人民当家作主、依法治国有机统一，推动人民代表大会制度理论与实践创新，人大工作取得历史性成就，人民代表大会制度更加成熟更加定型，中国特色社会主义民主政治的优越性得到充分彰显。

5　江泽民：《坚持和完善人民代表大会制度》，《人民代表大会制度重要文献选编》（三），中国民主法制出版社、中央文献出版社 2015 年版，第 797 页。

6　胡锦涛：《在首都各界纪念全国人民代表大会成立五十周年大会上的讲话》，《人民代表大会制度重要文献选编》（四），中国民主法制出版社、中央文献出版社 2015 年版，第 1287 页。

1. 习近平总书记关于坚持和完善人民代表大会制度的重要思想为做好人大工作提供了科学指引和根本遵循

党的十八大以来，习近平总书记就坚持和完善人民代表大会制度、发展社会主义民主政治，发表一系列重要讲话、作出一系列重要指示，提出一系列具有重大理论和实践创新意义的重要思想，拓展了人民代表大会制度和我国社会主义民主政治的科学内涵、基本特征和本质要求，发展了马克思主义国家学说，成为习近平新时代中国特色社会主义思想的重要组成部分。习近平总书记关于坚持和完善人民代表大会制度的重要思想，科学阐述了国家根本政治制度的历史必然、特点优势、实践要求，深刻阐明了人民代表大会制度的重大意义、政治定位、基本内涵、历史使命，深刻回答了新时代坚持和完善人民代表大会制度的重大课题，明确了做好新时代人大工作的重大原则、思路举措、重点任务，标志着党对人民代表大会制度的规律性认识达到了一个新的高度。比如，习近平总书记反复强调，坚持正确的政治发展道路是关系根本、关系全局的重大问题，必须坚定不移走中国特色社会主义政治发展道路。习近平总书记对做好新时代人大工作作出重要部署，提出以良法促进发展、保障善治，完善以宪法为核心的中国特色社会主义法律体系；把宪法法律赋予的监督权用起来，实行正确监督、有效监督、依法监督；密切同人大代表和人民群众的联系，做到民有所呼、我有所应，等等。

延伸阅读：习近平总书记对地方人大及其常委会工作作出重要指示

2019年7月，在纪念地方人大设立常委会40周年之际，习近平总书记对地方人大及其常委会工作作出重要指示强调，县级以上地方人大设立常委会，是发展和完善人民代表大会制度的一个重要举措。40年来，地方人大及其常委会坚持党的领导、人民当家作主、依法治国有机统一，履职尽责，开拓进取，为地方改革发展稳定工作作出了重要贡献。习近平指出，新形势新任务对人大工作提出新的更高要求。地方人大及其常委会要按照党中央关于人大工作的要求，围绕地方党委贯彻落实党中央大政方针的决策部署，结合地方实际，创造性地做好立法、监督等工作，更好助力经济社会发展和改革攻坚任务。要自觉接受同级党委领导，密切同人民群众的联系，更好发挥人大代表作用，接地气、察民情、聚民智，用法治保障人民权益、增进民生福祉。要加强自身建设，提高依法履职能力和水平，增强工作整体实效。

2021年10月13日至14日，党中央首次召开人大工作会议，习近平总书记发表重要讲话，深刻回答了新时代发展中国特色社会主义民主政治、坚持和完善人民代表大会制度的一系列重大理论和实践问题，深刻揭示了人民代表大会制度是中国共产党百年奋斗的重大制度成果，系统论述了全过程人民民主这一重大理念，明确提出了加强和改进人大工作的指导思想、重大原则和主要任务。党中央印发关于新时代坚持和完善人民代表大会制度、加强和改进人大工作的意见。党中央的重大部署和习近平总书记的重要讲话，为新时代人大立法、监督、代表、自身建设等各项工作指明了发展方向和任务目标，是人大工作必须长期坚持的思想指引。我们要全面学习、认真领会习近平总书记关于坚持和完善人民代表大会制度的重要思想，学深悟透、融会贯通，切实贯彻体现到履行法定职责、做好人大工作的全过程。

2. 健全党领导人大工作的各项制度

坚持党的领导，是人民代表大会制度的优势所在，是做好人大工作的根本保证。自 2015 年 1 月开始，习近平总书记连续 8 年主持召开中央政治局常委会会议，听取全国人大常委会党组工作汇报，这一做法已成为制度性安排，并载入党的十八届六中全会通过的《关于新形势下党内政治生活的若干准则》。党中央多次研究人大立法、监督等工作中的重大问题和重要事项，作出部署安排，提出明确要求，出台一系列有关人大工作和建设的重要指导性文件。全国人大常委会党组坚定坚持正确政治方向，认真履行政治领导责任，设立专门委员会分党组，全面加强全国人大党的工作和党的建设。坚决贯彻党中央决策部署，大事要事敢于担当、善于作为，定期向党中央报告全面工作情况，主动请示人大工作中的重大问题和重要事项，确保党的主张通过法定程序成为国家意志。地方各级人大及其常委会也普遍健全完善了党领导人大工作的相关机制，围绕地方党委贯彻中央大政方针的决策部署开展工作，确保将党的领导贯彻人大工作全过程和各方面。

3. 全方位加强人民代表大会制度建设

完善宪法实施制度。坚持通过完备的法律制度推动宪法实施，制定国家勋章和国家荣誉称号法、国歌法等，设立国家宪法日，建立并实施宪法宣誓制度，实施宪法规定的特赦制度、授予国家勋章和荣誉制度等，其中很多都是开创性举措。加强宪法实施监督，积极稳妥推进合宪性审查工作，回应涉及宪法有关问题的关切，确保法规、司法解释与宪法规定、宪法精神相符合。建立健全香港特区维护国家安全的法律制度和执行机制、完善香港特区选举制度等，为“一国两制”提供更加有力的宪制支撑和保障。

完善全国人大组织制度。加强全国人大组织建设，完善全国人大专门委员会设置，增设社会建设委员会，将法律委员会更名为宪法和法律委员会，将内务司法委员会更名为监察和司法委员会。作出关于全国人大宪法和法律委员会职责问题的决定。

推动国家机构改革。根据党中央决策部署，我国于2013年、2018年、2023年进行了国务院机构改革。全国人大先后就国务院机构改革作出3个决定，全国人大常委会作出多个涉及机构改革、职责调整的决定，推动构建系统完备、科学规范、运行高效的党和国家机构职能体系，为坚持和发展中国特色社会主义提供了重要体制机制保障。地方政府机构改革与国务院机构改革同步深化，确保全国政令畅通。

推进国家监察体制改革。贯彻落实党中央关于深化国家监察体制改革的决策部署，2016年和2017年，全国人大常委会先后通过关于在北京市、山西省、浙江省开展国家监察体制改革试点工作的决定和关于在全国各地推开国家监察体制改革试点工作的决定。2018年3月，十三届全国人大一次会议通过宪法修正案和监察法，将行使国家监察职能的专责机关纳入国家机构体系，明确监察委员会由同级人大产生，对其负责，受其监督，构建集中统一、权威高效的国家监察体系。这是涉及国家权力结构和国家机构组织结构的一次重大改革，是人民代表大会制度的一次重大发展。

延伸阅读：从“一府两院”到“一府一委两院”

2018年3月11日，十三届全国人大一次会议通过了宪法修正案，其中一个重要内容就是增加有关监察委员会的各项规定，对国家机构作出重要调整和完善，将行使国家监察职能的专责机关纳入国家机构体系，明确监察委员会由同级人大产生，对它负责，受它监督。自此，“一府两院”这个表述成为“一府一委两院”。

健全立法制度和体制。修改立法法，实现立法和改革决策相衔接，赋予设区的市人大及其常委会地方立法权，落实税收法定原则，对部门规章和地方政府规章权限进行规范，更好地发挥立法的引领和推动作用。作出关于国家监察委员会制定监察法规的决定。还制定出台了许多完善立法体制机制的工作文件，推进科学立法、民主立法、依法立法，完善党委领导、人大主导、政府依托、各方参与的立法工作格局。

延伸阅读：民法典诞生

2020年5月28日，十三届全国人大三次会议审议通过民法典，这是新中国成立以来第一部以“法典”命名的法律，是新时代我国社会主义法治建设的重大成果。民法典系统整合了新中国成立70多年来长期实践形成的民事法律规范，汲取了中华民族5000多年优秀法律文化，借鉴了人类法治文明建设有益成果，是一部体现我国社会主义性质、符合人民利益和愿望、顺应时代发展要求的民法典，是一部体现对生命健康、财产安全、交易便利、生活幸福、人格尊严等各方面权利平等保护的民法典，是一部具有鲜明中国特色、实践特色、时代特色的民法典。

完善监督工作机制。全国人大常委会着力完善监督工作机制，通过执法检查、听取审议工作报告、专题询问、专题调研等方式，聚焦问题、精准发力，推动解决人民群众普遍关心的热点难点问题，推动“一府一委两院”依法行政、依法监察、公正司法。坚持把加强执法检查摆在突出位置，探索形成包括“六个环节”的执法检查工作流程，改进完善专题询问和审计监督工作，综合运用多种方式，推动监督工作规范化、制度化，为坚持和完善人民代表大会制度提供了重要支撑。

健全代表工作制度和机制。组建全国人大常委会代表工作委员会。负责全国人大代表名额分配、资格审查、联络服务有关工作，指导协调代表集中视察、专题调研、联系群众有关工作，负责全国人大代表履职监督管理等，承担全国人大常委会代表资格审查委员会的具体工作，作为全国人大常委会的工作委员会。全国人大常委会建立并落实委员长会议组成人员、常委会委员联系代表制度，完善代表联系群众制度，推动建立代表联系人民群众的工作平台和网络平台，设立立法联系点，健全代表意见建议处理反馈机制，努力做到民有所呼、我有所应。制定加强和改进全国人大代表工作的 35 条具体措施，不断完善代表工作制度。支持和保障代表依法执行代表职务，加强代表思想政治建设和作风建设，深化代表对立法、监督等工作的参与，代表参加管理国家事务的作用得到进一步发挥。

推动地方人大工作和建设。党中央印发关于加强县乡人大工作和建设的意见，全国人大常委会统筹修改地方组织法、选举法、代表法，健全完善了县乡人大会议、工作、组织等方面的制度。这是推动地方人大工作和建设的一次重大改革，解决了长期制约基层人大工作发展的一些突出难题，夯实了国家基层政权根基。实践充分证明，在中国实行人民代表大会制度，是中国人民在人类政治制度史上的伟大创造，是历史的选择，人民的选择。新中国成立 70 多年来特别是改革开放 40 多年来，之所以能取得世所罕见的经济快速发展奇迹和社会长期稳定奇迹，就在于我们找到并始终坚持中国特色社会主义道路，建立健全了中国特色社会主义制度，建立完善了最能够保障人民当家作主的制度体系。面向未来，人民代表大会制度将在新时代坚持和发展中国特色社会主义、实现中华民族伟大复兴中国梦的伟大征程中，更好发挥国家根本政治制度的作用，以生动实践保障人民当家作主、彰显我国制度优势。

二、人民代表大会制度的独特优势和重要作用

人民代表大会制度是坚持党的领导、人民当家作主、依法治国有机统一的根本政治制度安排，是符合我国国情和实际、体现社会主义国家性质、保证人民当家作主、保障实现中华民族伟大复兴的好制度，在我国国家治理、经济社会发展中发挥巨大功效和重要作用。

（一）保证党领导人民有效治理国家

中国共产党领导是中国特色社会主义最本质的特征。中国共产党一经诞生，就把为中国人民谋幸福、为中华民族谋复兴确立为自己的初心和使命。人民代表大会制度是中国共产党领导中国人民经过浴血奋战、艰辛探索建立起的国家根本政治制度，是党领导国家政权机关的重要制度载体。党发挥总揽全局、协调各方的领导核心作用，通过人民代表大会制度，保证党的主张通过法定程序成为国家意志，保证党组织推荐的人选通过法定程序成为国家政权机关的领导人员，保证党的路线方针政策和决策部署在国家工作中得到全面贯彻和有效执行。

人民代表大会制度是党领导人民创造的全新政治制度，能够把坚持党的领导和人民当家作主、依法治国有机统一起来。作为国家根本政治制度，既是国家治理体系的重要组成部分，也是国家其他制度之源，正如董必武所说，它“代表我们政治生活的全面”“表示我们政

治力量的源泉”[1]，其在国家治理体系中居于主导地位，是国家制度体系的基石。党的十八大以来，我们党深刻把握我国社会主要矛盾发生的新变化，不断适应时代变化和实践需要，以人民代表大会制度为基础和依托，不断健全人民当家作主制度体系，着力推进国家治理体系和治理能力现代化，构建更加科学、更加完善的国家制度体系并推动实施，把各方面的制度优势转化为国家治理的效能。

延伸阅读：人民代表大会制度的“三个有效保证”

2021 年 10 月，习近平总书记在中央人大工作会议上指出：“人民代表大会制度，坚持中国共产党领导，坚持马克思主义国家学说的基本原则，适应人民民主专政的国体，有效保证国家沿着社会主义道路前进。人民代表大会制度，坚持国家一切权力属于人民，最大限度保障人民当家作主，把党的领导、人民当家作主、依法治国有机统一起来，有效保证国家治理跳出治乱兴衰的历史周期率。人民代表大会制度，正确处理事关国家前途命运的一系列重大政治关系，实现国家统一高效组织各项事业，维护国家统一和民族团结，有效保证国家政治生活既充满活力又安定有序。”[2]

制度好，不仅要形式好、实质好，也要真实管用。中国共产党坚持全心全意为人民服务，一切为了人民，紧紧依靠人民推动国家发展，新中国成立 70 多年来特别是改革开放 40 多年来，人民代表大会制度为党领导人民创造经济快速发展和社会长期稳定“两大奇迹”提供了

---

1 《董必武选集》，人民出版社 1985 版，第 307—308 页。

2 习近平:《坚持和完善人民代表大会制度，不断发展全过程人民民主》，载习近平《论人民当家作主》，中央文献出版社 2021 年版，第 332—333 页。

重要制度保障。

1953年到现在，在党中央的领导下，通过人民代表大会制度，先后制定和实施14个五年发展计划、规划，把党对经济社会发展的主张变为全国人民团结奋斗的蓝图，把党的主张和人民的意愿统一起来，聚智、聚心、聚力，共同推进社会主义现代化建设。1949年新中国成立时，一穷二白、百废待兴。2021年，人均国内生产总值超过1.2万美元，接近世界银行2021—2022年确定的人均1.27万美元的高收入国家门槛。目前，中国已成为世界第二大经济体、制造业第一大国、货物贸易第一大国、外汇储备第一大国、商品消费第二大国、外资流入第二大国、对外投资第二大国。载人航天、火星探测、超级杂交水稻、超级计算、量子通信等前沿领域取得一系列标志性成果，部分领域实现从跟跑向并跑、领跑转变，北京、上海、粤港澳大湾区三大国际科技创新中心在全球科技创新集群排名中均进入前10位，充分显示出中华民族的创造力和活力。我国用几十年时间走完了发达国家几百年走过的工业化历程，实现了第一个百年奋斗目标，全面建成小康社会，意气风发迈上全面建设社会主义现代化国家的新征程，中华民族迎来了从站起来、富起来到强起来的伟大飞跃，迎来了从落后时代、跟上时代再到引领时代的伟大跨越。

延伸阅读：我国GDP于2020年破百万亿元

在国家统计局有记录之初的1952年，我国GDP仅有679.1亿元，可谓是“一穷二白”的境地。在改革之初的1978年，我国GDP为3678.7亿元，到2020年增长至1015986亿元，40多年增长了约275倍。2022年，我国GDP为121万亿元，这是继2020年、2021年连续突破

100 万亿元、110 万亿元之后，再次跃上新台阶。按年平均汇率折算，我国经济总量达 18 万亿美元，稳居世界第二位。

（二）实现和发展全过程人民民主，保证人民当家作主

我国是社会主义国家，人民民主是社会主义的生命。习近平总书记指出："全过程人民民主是社会主义民主政治的本质属性，是最广泛、最真实、最管用的民主。必须坚定不移走中国特色社会主义政治发展道路，坚持党的领导、人民当家作主、依法治国有机统一，坚持人民主体地位，充分体现人民意志、保障人民权益、激发人民创造活力。"[3] 在我国，人民当家作主的途径和形式多种多样，最根本、最重要的就是通过人民代表大会掌握国家政权、行使国家权力。

3 习近平：《高举中国特色社会主义伟大旗帜 为全面建设社会主义现代化国家而团结奋斗——在中国共产党第二十次全国代表大会上的报告》，人民出版社 2022 年版，第 37 页。

现行宪法规定，国家一切权力属于人民，人民行使国家权力的机关是全国人民代表大会和地方各级人民代表大会。各级国家机关的权力，追根溯源，都来自人民。

党的十八大以来，党不断深化对民主发展规律的认识，不断推进中国民主理论创新、制度创新、实践创新，团结带领人民发展全过程人民民主。全过程人民民主，充分彰显社会主义国家性质，充分彰显人民主体地位，是覆盖960多万平方公里土地、14亿多人民、56个民族的民主体系。人民代表大会制度深深植根于人民之中，是实现全过程人民民主的重要制度载体。一方面，为全过程人民民主的完整制度程序提供支撑，另一方面，为全过程人民民主的完整参与实践提供平台。

金句

我国全过程人民民主实现了过程民主和成果民主、程序民主和实质民主、直接民主和间接民主、人民民主和国家意志相统一，是全链条、全方位、全覆盖的民主，是最广泛、最真实、最管用的社会主义民主。[4]

通过人民代表大会制度，坚持国家一切权力属于人民的宪法原则，健全民主制度，丰富民主形式，拓宽民主渠道，保证人民平等参与、平等发展权利，确保人民实现当家作主权利，有效维护和发展最广大人民的根本利益。党的十八大以来，我们发展和完善全过程人民民主，把人民当家作主具体地、现实地体现到党治国理政的政策措施上来，具体地、现实地体现到党和国家机关各个方面各个层级工作上来，具体地、现实地体现到实现人民对美好生活向往的工作上来。

4　习近平：《在中央人大工作会议上的讲话》（2021年10月13日），《求是》2022年第5期。

通过人民代表大会制度，制定修改宪法和法律，为全过程人民民主提供可靠的法治保障。我国宪法全面系统地规定了公民的一系列基本权利和义务，宪法规定的各项制度和大政方针也都是为了实现好、维护好、发展好最广大人民的根本利益。全国人大制定了一系列保障、维护、发展公民政治、经济、社会、文化、环境等各方面权益的法律，以完备的法律制度保障人民民主、增进民生福祉。在民法典编纂过程中，以保护民事主体权利作为主线，对人的生老病死、衣食住行等各方面权利作了事无巨细的规定。民法典作为社会生活的百科全书，又被人们称为保障公民权利的宣言书。

通过人民代表大会制度，从根本上保障人民依法实行民主选举、民主协商、民主决策、民主管理、民主监督，忠实代表和维护最广大人民的根本利益。在民主选举上，实行广泛的、平等的、真实的选举。人民的选举权和被选举权是平等的，一人一票、票票等值，人民群众民主选举产生人大代表，每个地区、每个行业、每个领域、每个民族都有人大代表，组成地方国家权力机关，代表人民行使国家权力。2022 年完成了新一轮全国县、乡两级人大换届选举，10 亿多选民 1 人 1 票，以直接选举方式产生了 260 多万名县、乡两级人大代表。他们将发挥来自人民、植根人民的特点和优势，听取和反映群众的愿望心声，提出议案和建议，参与管理国家事务和社会事务。

延伸阅读：我国人大代表与西方议员有本质不同

在人民当家作主的社会主义国家里，虽然各级人大代表所在地区不同、职业不同、民族不同，但他们的根本利益和目标任务是一致的，都是在中国共产党领导下，依法行使宪法法律赋予的职权，实现好、维护好、发展好最广大人民的根本利益，而西方国家议员分别是不同的党派、不同阶级、不同利益集团的代表，行使权力与资本利益紧密相关。我国实行的是兼职代表制，人大代表生活在人民群众之中，同人民群众保持着密切联系，而西方许多国家实行的专职议员制度，很多议员是职业政客。人大代表按照民主集中制的原则开展活动，会议期间代表们依法集体行使职权，按照多数人意见作出决定；闭会期间代表以集体活动为主，开展调查研究等形式多样的代表活动；各级人大常委会办事机构是代表履职的集体参谋助手和服务班子，为代表依法履职提供各方面的服务和保障。而西方议员一般有自己的助手和工作班子，有的在选区设有办公室，为自己提供服务。

在民主协商上，各级人大及其常委会通过调研、座谈、论证、咨询、听证、公开征求意见、立法联系点和基层联系点等方式，最大限度吸纳民意、汇集民智、凝聚民力，把各方面社情民意统一于最广大人民根本利益之中。在民主决策上，坚持问计于民、问需于民，集思广益、群策群力，确保党和国家在决策、执行、监督落实等各个环节都能听到来自人民的声音。在全过程人民民主状态下，人民群众在国家政治生活和社会生活中保持广泛可持续的政治参与，民主不仅体现在每隔几年开展选举的政治事件上，而且体现在事关国计民生重大公共决策的参与中。这与西方民主主要体现在选举环节，在选举之后就没有什么民主过程的“一次性消费行为”形成了鲜明对比。

在民主管理和民主监督上，弘扬广大人民主人翁精神，通过各种途径和形式管理国家事务、经济和文化事业、社会事务，发挥主体作用，保障知情权、参与权、表达权和监督权。同时，让人民监督权力，让权力在阳光下运行，保证权力运用得到有效制约，保证权力为人民服务。正是因为人民代表大会在运行中始终坚持以人民为中心，把人民当家作主具体地、现实地落实到各个方面各个层级工作上，通过各个环节倾听人民声音、顺应人民意愿，从而保证了人民当家作主，使得全过程人民民主在中华大地展示出勃勃生机和强大生命力，中国人民的民主自信更加坚定，中国的民主之路越走越宽广。

（三）支撑和推进全面依法治国，加快建设社会主义法治国家

法治和人治问题是人类政治文明史上的一个基本问题，也是各国在实现现代化过程中必须面对和解决的一个重大问题。我们党历来重视法治建设，党的十八大以来，党中央明确提出全面依法治国，并将其纳入“四个全面”战略布局予以有力推进。

延伸阅读：党的十八大以来我国法治建设中的几个第一次

2014 年 10 月，党的十八届四中全会召开。这是我们党历史上第一次专门研究法治建设的中央全会，审议通过了第一个关于加强法治建设的专门决定。2018 年 2 月，党的十九届三中全会通过深化党和国家机构改革方案，党中央决定组建中央全面依法治国委员会，这是我们党历史上第一次设立这样的机构。2018 年 3 月，新当选国家主席、中央军委主席的习近平总书记在人民大会堂，面向近 3000 名全国人大代表，作宪法宣誓，这是新中国历史上首次举行国家领导人宪法宣誓仪式。2020 年 11 月，中央全面依法治国工作会议在京召开，这在

历史上也是第一次。习近平总书记在会上发表重要讲话，系统阐述了习近平法治思想。这篇重要讲话成为指导新时代全面依法治国的纲领性文献。

人民代表大会制度是推进全面依法治国的重要制度平台。通过人民代表大会制度，大力弘扬社会主义法治精神，推进科学立法、严格执法、公正司法、全民守法，统筹推进国内法治和涉外法治，依照人大及其常委会制定的法律法规来展开和推进国家各项事业和各项工作，保障依法治国、依法执政、依法行政共同推进，法治国家、法治政府、法治社会一体建设，在法治轨道上推进国家治理体系和治理能力现代化。

宪法是国家根本法，是治国理政的总章程，是全面依法治国的根本依据。全国人民代表大会是宪法的制定者、修改者，也是宪法实施的监督者。从 1949 年具有临时宪法作用的《中国人民政治协商会议共同纲领》，到“五四”宪法，再到 1982 年实施的现行宪法，从 1988 年对现行宪法的第一次修正，到 2018 年的第五次修正，都充分体现了人民代表大会与宪法的紧密联系。全国人民代表大会通过制定和修改宪法，确立中国特色社会主义道路、中国特色社会主义理论体系、中国特色社会主义制度的发展成果，及时确认党和人民创造的伟大成就和宝贵经验，对中国特色社会主义伟大事业起到了巨大的推动和促进作用。比如，根据实践发展，紧跟时代步伐，先后将邓小平理论、“三个代表”重要思想、科学发展观、习近平新时代中国特色社会主义思想这些党的创新理论成果载入宪法，保证国家的指导思想与时俱进。全国人大及其常委会加强对宪法实施的监督，推动一切国家机关和武装力量、各政党和各社会团体、各企业事业组织，以宪法为根本活动准则，切实维护宪法权威、捍卫宪法尊严、保证宪法实施。通过举行宪法宣誓仪式、开展国家宪法日活动等方式，在全社会加强宪法宣传教育，宪法精神不断深入人心、走入群众，全社会尊崇宪法、学习宪法、遵守宪法、维护宪法、运用宪法的氛围更加浓厚。

推动中国特色社会主义法律体系的发展完善，让法治成为国家治理体系和治理能力的重要依托。全国人大及其常委会是国家权力机关，也是立法机关。新中国成立以来特别是改革开放以来，立法进程不断加快，在2010年形成了以宪法为统帅的中国特色社会主义法律体系，国家和社会生活各方面实现了有法可依。进入新时代，全国人大及其常委会积极推进重点领域、新兴领域、涉外领域立法。通过完善社会主义市场经济法律制度，激发人民的积极性主动性创造性，激发劳动、资本、土地、知识、技术、管理、数据等要素活力，进一步解放和发展社会生产力。通过完善国家机构的组织、职权、运行规则方面的法律，健全国家机关的职责权限、运作方式、工作原则、议事程序，保障国家机关依法履职、协调高效运转。通过完善行政法，用法治给行政权力定规矩、划界限，规范行政决策程序，推动法治政府建设。通过完善国家安全领域的法律，协调推进国内治理和国际治理，有效应对挑战、防范风险。通过各方努力，国家治理急需的法律制度、满足人民日益增长的美好生活需要必备的法律制度不断健全，为全面推进依法治国，实现经济发展、政治清明、文化昌盛、社会公正、生态良好，积极发挥法治的引领和规范作用。

加强对权力的监督制约，让法治成为公平正义的守护神。人民代表大会制度的重要原则和制度设计的基本要求，就是任何国家机关及其工作人员的权力都要受到制约和监督。全国人大常委会和地方各级人大及其常委会认真履行宪法法律赋予的监督职责，实行正确监督、有效监督、依法监督，通过听取审议专项工作报告、执法检查、专题询问等方式，加强对“一府一委两院”执法司法工作的监督，推动解决执法司法领域的突出矛盾和问题，不断健全社会公平正义法治保障制度。比如，十三届全国人大常委会围绕党和国家工作大局，不断完善执法检查制度，紧扣法律规定，逐条对照法定职责是否履行、法律责任是否落实、法律执行效果是否明显进行执法检查，让法律制度的“牙齿”真正咬合，确保法律法规得到有效实施，确保行政权、监察权、审判权、检察权得到正确行使。

金句

国家之权乃是“神器”，是个神圣的东西。公权力姓公，也必须为公。只要公权力存在，就必须有制约和监督。不关进笼子，公权力就会被滥用。[5]

扎实推进全民普法，普及法律知识、弘扬法治精神，营造尊崇法治、敬畏法律的社会氛围。1985 年，在六届全国人大常委会第十三次会议上，全国人大常委会作出《关于在公民中基本普及法律常识的决议》，一项规模宏大的全民普法工程拉开了帷幕。至今，全国人大常委会共作出了八个普法决议，国家连续开展了“一五普法”到“八五普法”。从中南海举行法制讲座到“法律下乡进村”，从普法讲师团到“谁执法谁普法”，近 40 年持续不断的普法教育，春风化雨，润物无声，如同一场深刻的观念革命。人民群众尊法学法守法用法的自觉性和主

5　习近平：《在新的起点上深化国家监察体制改革》，载习近平：《论坚持全面依法治国》，中央文献出版社 2020 年版，第 240 页。

动性显著增强，全社会办事依法、遇事找法、解决问题用法、化解矛盾靠法的法治环境显著改善。2020年，中宣部委托国家统计局形成的“2020年全国社会心态调查综合分析报告”显示，当自己或家人遇到不公平事情时，选择“通过法律渠道解决”的居第一位，选择“托关系、找熟人”的比例明显下降。

（四）保证国家机关协调高效运转

我们党根据自己的实践经验，将党的民主集中制原则推广运用于人民政权建设中，作为政权组织形式和活动方式的基本原则并写入宪法。1945年4月，毛主席在《论联合政府》中讲道：“新民主主义的政权组织，应该采取民主集中制，由各级人民代表大会决定大政方针，选举政府。它是民主的，又是集中的，就是说，在民主基础上的集中，在集中指导下的民主。只有这个制度，才既能表现广泛的民主，使各级人民代表大会有高度的权力；又能集中处理国事，使各级政府能集中地处理被各级人民代表大会所委托的一切事务，并保障人民的一切必要的民主活动。”[6]按照民主集中制原则，人民民主选举产生国家权力机关（即人大），国家权力机关统一行使国家权力，它自己行使立法权、监督权、决定权、选举任免权等具有决定性意义的权力，同时通过选举任命产生国家行政机关、监察机关、审判机关和检察机关，并由“一府一委两院”分别行使行政权、监察权、审判权、检察权。总之，“一府一委两院”都由人大产生，对人大负责、受人大监督。国家权力机关、国家行政机关、监察机关、审判机关和检察机关都按

6 毛泽东：《毛泽东选集》第三卷，人民出版社1991年版，第1057页。

照民主集中制原则运行。人大及其常委会充分发扬民主，集体行使职权，集体讨论决定问题。在投票决定问题时，人大及其常委会的任何一位组成人员，都只有一票，个人或者少数人不能决定国家事务中的重大问题。人大及其常委会根据党的主张和人民的意愿，通过制定法律法规、作出决定决议，决定国家和地方的大政方针。其他国家机关根据人大制定的法律法规和通过的决定决议依法行政、依法监察、公正司法，开展和推进国家各项工作。国家机关实行决策权、执行权、监督权既合理分工又相互协调，保证国家机关依照法定权限和程序行使职权、履行职责。人大依法进行监督，这种监督是代表国家和人民进行的有法律效力的监督。各国家机关工作目标是一致的，都在党的领导下，在法律规定的职权和规则范围内，既独立负责又协调一致地开展工作，形成一个统一的整体，实现了高效运作，克服议而不决、决而不行等不良现象，避免相互掣肘、效率低下等弊端。

在人民代表大会制度下，国家机关之间的关系区别于西方“三权分立”制度。“三权分立”由于权力是分立、制衡的，如果施政不力，立法、行政部门都可以互相指责对方不合作，甚至是为了反对而反对，导致内耗不断。邓小平同志指出，我们大陆讲社会主义民主，和资产阶级民主的概念不同。“西方的民主就是三权分立，多党竞选，等等。我们并不反对西方国家这样搞，但是我们中国大陆不搞多党竞选，不搞三权分立、两院制。我们实行的就是全国人民代表大会一院制，这最符合中国实际。如果政策正确，方向正确，这种体制益处很大，很有助于国家的兴旺发达，避免很多牵扯。”[7] 在人民代表大会制度下，

7 《邓小平文选》第 3 卷，人民出版社 1993 年版，第 220 页。

最大的优势就是集中力量办大事。现在，我们正在实施第十四个五年规划。这个规划纲要是党中央提出建议，国务院编制草案，由全国人大审查批准的。70 多年来，我们通过人民代表大会制度连续制定实施了十四个五年计划规划，取得了举世瞩目的发展成就。绘就一张蓝图，朝着一个目标持续奋斗，西方哪个国家能做到这一点？邓小平同志曾经说："社会主义国家有个最大的优越性，就是干一件事情，一下决心，一做出决议，就立即执行，不受牵扯"。[8] 习近平总书记指出："我们最大的优势是我国社会主义能够集中力量办大事。这是我们成就事业的法宝"。[9]

西方民主制度往往导致民主与效率的失衡，而人民代表大会制度很好地兼顾民主与效率，特别是在应对和处理一些事关公共利益的大事、急事、难事上。2020 年初，面对新冠肺炎疫情这一新中国成立以来在我国发生的传播速度最快、感染范围最广、防控难度最大的重大突发公共卫生事件。党中央把人民群众生命安全和身体健康放在第一位，及时采取最全面、最严格、最彻底的防控举措，用 3 个月左右的时间取得武汉保卫战、湖北保卫战的决定性成果；迎战具有传染性强、传播速度快、隐匿性高等特点的奥密克戎变异株，坚持科学精准、动态清零，不断提升分区分级差异化精准防控水平，取得了阶段性成效，最大限度保护了人民生命安全和身体健康，我国经济发展和疫情防控保持全球领先地位。2020 年，我国成为唯一实现经济正增长的主要经济体。

---

8 《邓小平文选》第 3 卷，人民出版社 1993 年版，第 240 页。

9 习近平：《论把握新发展阶段、贯彻新发展理念、构建新发展格局》，中央文献出版社，第 119 页。

（五）促进民族团结、国家统一、社会稳定

我国是统一的多民族国家，国家结构是典型的单一制国家，只有一部宪法，一套国家机构体系；地方的权力来自中央授权，并接受中央统一领导；对外关系上，国家是一个统一独立的主体。人民代表大会制度坚持在党中央集中统一领导下，合理划分中央和地方职权，在少数民族聚居地区实行区域自治，对香港、澳门实行“一国两制”，有效调节国家政治关系，有效维护国家统一和民族团结，有效保证国家政治生活既充满活力又安定有序，不断巩固和发展生动活泼、安定团结的政治局面。

我国成功走出了一条中国特色解决民族问题的正确道路，创造性地提出了民族区域自治制度，在国家统一领导下，各少数民族聚居的地方实行区域自治，设立自治机关，行使自治权。邓小平同志说过：“解决民族问题，中国采取的不是民族共和国联邦的制度，而是民族区域自治的制度。我们认为这个制度比较好，适合中国的情况。”[10]习近平总书记强调指出，我们党采取民族区域自治这个新办法，既保证了国家团结统一，又实现了各民族共同当家作主。目前，我国共建立了155个民族自治地方，包括5个自治区、30个自治州和120个自治县（旗），民族自治地方面积达到我国国土总面积的64%。根据《宪法》和《民族区域自治法》，民族自治地方拥有广泛的自治权，包括自主管理本民族、本地区的内部事务；民族自治地方的人民代表大会有权依照当地的政治、经济和文化的特点，制定自治条例和单行条例，并可以依照当地民族特点，依法对法律和行政法规的规定作出变通规定；自主管理地方财政；使用和发展本民族语言文字。

10《邓小平文选》（第三卷），人民出版社1993年版，第257页。

新中国成立 70 多年来，坚定不移走中国特色解决民族问题的正确道路，保证民族自治地方依法行使自治权，保障少数民族合法权益，巩固和发展平等团结互助和谐的社会主义民族关系，民族地区经济社会发展水平不断跃升，各族人民生活水平和质量不断提高。民族八省区地区生产总值稳步提升，基础设施条件明显改善，教育、医疗、社会保障等公共服务水平大幅提升，民族地区 3121 万贫困人口全部脱贫，民族自治地方 420 个贫困县全部摘帽，历史性解决了绝对贫困问题，各少数民族和民族地区与全国一道全面建成小康社会。据统计，居住在城市和散居地区的少数民族人口已经超过少数民族总人口的 1/3，少数民族流动人口已增长至 3000 多万人，各民族间的政治、经济、文化、社会联系比以往任何时候都更加紧密。[11] 习近平总书记指出："70 年沧海桑田、波澜壮阔，少数民族的面貌、民族地区的面貌、民族关系的面貌、中华民族的面貌都发生了翻天覆地的历史性巨变。"[12]

金句

实现中华民族伟大复兴的中国梦，就要以铸牢中华民族共同体意识为主线，把民族团结进步事业作为基础性事业抓紧抓好。要全面贯彻党的民族理论和民族政策，坚持共同团结奋斗、共同繁荣发展，促进各民族像石榴籽一样紧紧拥抱在一起，推动中华民族走向包容性更强、凝聚力更大的命运共同体。[13]

---

11 尤权：《做好新时代党的民族工作的科学指引》，《求是》2021 年第 21 期 。

12 习近平：《在全国民族团结进步表彰大会上的讲话》，载习近平：《论坚持人民当家作主》，中央文献出版社 2021 年版，第 281 页。

13 习近平：《在全国民族团结进步表彰大会上的讲话》，载习近平：《论坚持人民当家作主》，中央文献出版社 2021 年版，第 285 页。

“一国两制”是中国共产党领导中国人民实现祖国和平统一的一项重要制度。我国宪法专门就国家实行“一国两制”作出宪制性制度安排。根据宪法，七届全国人大三次会议于1990年通过了香港基本法，八届全国人大一次会议于1993年通过了澳门基本法，确定了特别行政区宪制秩序，奠定了依法治港、依法治澳的法治基石。香港、澳门自回归之日起，作为直辖于中央政府的特别行政区，重新纳入国家治理体系。中央政府贯彻“一国两制”“港人治港”“澳人治澳”高度自治的方针，按照宪法和特别行政区基本法对香港、澳门实行全方位治理。在中央政府和祖国内地强有力支持下，回归后的香港、澳门保持了长期繁荣稳定。党的十八大以来，党和国家从整体发展战略的高度着眼，支持香港、澳门发展经济、改善民生、推进民主、促进和谐，进一步提升港澳竞争力，坚定支持香港巩固和提升国际金融、航运、贸易三大中心地位，建设亚太区国际法律及解决争议服务中心，支持澳门建设世界旅游休闲中心，促进经济适度多元可持续发展；积极深化内地与港澳合作，支持港澳参与国家双向开放、“一带一路”建设，加深内地与港澳在社会、民生、文化、教育、环保等领域的合作，加快推进粤港澳大湾区建设，在实现中华民族伟大复兴的进程中，港澳和内地携手同心、共担祖国建设大任，共享民族复兴荣光。

延伸阅读：粤港澳大湾区建设

建设粤港澳大湾区，是习近平总书记亲自谋划、亲自部署、亲自推动的国家战略。粤港澳大湾区具有一个国家、两种制度、三个关税区、三种法律制度的特点，有利于粤港澳三地发挥各自所长，实现优势互补、协同发展。粤港澳大湾区由香港特别行政区、澳门特别行政区和广东省的珠三角九市组成。2019 年 2 月，中共中央、国务院印发《粤港澳大湾区发展规划纲要》，指出粤港澳大湾区不仅要建成充满活力的世界级城市群、国际科技创新中心、“一带一路”建设的重要支撑、内地与港澳深度合作示范区，还要打造宜居宜业宜游的优质生活圈，成为高质量发展的典范。

香港回归以来，“一国两制”事业取得了前所未有的成功，同时，也遇到了一些新情况新问题，特别是 2019 年发生“修例风波”凸显了香港特别行政区国家安全的风险和法治短板。2021 年 5 月 28 日，全国人大根据宪法和香港基本法，作出《关于建立健全香港特别行政区维护国家安全的法律制度和执行机制的决定》，6 月 30 日，全国人大常委会审议通过《香港特别行政区维护国家安全法》，并决定将这部法律列入《香港基本法》附件三，由香港特别行政区在当地公布实施。香港国安法实施后，香港社会恢复稳定，市民合法权益丝毫不受影响，法治及司法独立仍然稳如磐石，金融中心地位没半点动摇，实现了由乱转治、由治及兴的历史转折。2022 年 5 月，香港特区第六任行政长官选举充分体现了“爱国者治港”原则，充分展现了“一国两制”强大活力。

金句

必须把维护中央对香港、澳门特别行政区全面管治权和保障特别行政区高度自治权有机结合起来，确保“一国两制”方针不会变、不动摇，确保“一国两制”实践不变形、不走样。[14]

---

14 习近平:《决胜全面建成小康社会 夺取新时代中国特色社会主义伟大胜利》，载《党的十九大报告辅导读本》，人民出版社 2017 年版，第 25 页。

实践充分证明，人民代表大会制度正确处理事关国家前途命运的一系列重大政治关系，发展充满活力的政党关系、民族关系、宗教关系、阶层关系、海内外同胞关系，增强民族凝聚力，维护国家统一和民族团结，维护国家的政治稳定和长治久安。

当今世界正经历百年未有之大变局，我国正处于实现中华民族伟大复兴的关键时期。踏上向第二个百年奋斗目标进军的新征程，在以习近平同志为核心的党中央坚强领导下，我们要坚定中国特色社会主义制度自信，毫不动摇坚持、与时俱进完善人民代表大会制度，把人民代表大会制度的优势和功效充分发挥出来，发展更加广泛、更加充分、更加健全的全过程人民民主，不断巩固和发展生动活泼、安定团结的政治局面，汇聚起实现中华民族伟大复兴中国梦的磅礴力量。

三、宪法与人民代表大会制度

宪法作为国家根本法，是党和人民意志的集中体现，是治国安邦的总章程、治国理政的总规矩，在全面依法治国中具有十分重要的地位和作用。坚持依法治国首先要坚持依宪治国，坚持依法执政首先要坚持依宪执政。

（一）从共同纲领到现行宪法

毛泽东同志指出："在革命成功有了民主事实之后，颁布一个根本大法，去承认它，这就是宪法。"[1]中国共产党成立以后，高度重视宪法和法制建设，揭开了以广大人民为制宪主体的新民主主义宪制运动的序幕。1931年，我们党在中央苏区召开中华苏维埃第一次全国代表大会，颁布《中华苏维埃共和国宪法大纲》，这是我们党领导人民制定的第一个宪法性文件，是红色宪法的"源头"，也是我国历史上第一部体现人民民主的宪法性文件。1946年颁布的《陕甘宁边区宪法原则》，对新中国成立后制定宪法提供了重要实践经验。1949年，中国人民政治协商会议第一届全体会议审议通过了具有临时宪法性质的《中国人民政治协商会议共同纲领》。新国家、新社会需要全国上下

---

1 毛泽东：《新民主主义论》，《中国文化》杂志创刊号，1940年2月15日。

一体遵行的新宪法，1953 年，根据中共中央的提议，中央人民政府通过决议，成立宪法起草委员会，毛泽东同志为主席。

宪法是党和人民意志的集中体现，是通过科学民主程序形成的国家根本法。[2] 我们党在领导人民制定宪法过程中，坚持领导与群众相结合，广察民情、广纳民意、广聚民智，充分发扬民主，广泛发动社会各界人士参与宪法草案讨论，广大人民群众参与立宪的热情空前高涨，这就使我国宪法成为真正体现人民意志的人民宪法。

延伸阅读：群众立宪意见“空运北京”

在那个激情澎湃、充满干劲的火红年代，人民群众对第一部宪法的诞生有极大的参与热情。1954 年宪法起草征求意见，在全国掀起了历时 3 个月的全民大讨论。在历时近 3 个月的讨论中，全国人民有 1.5 亿人参与，约占全国总人口的 1/4，许多地方听报告和参加讨论的人数达到当地成年人口的 70% 以上，人民群众提出的修改意见和建议经整理归纳后有 100 多万条。当时我国淮河和长江流域遭遇特大水灾，各地都在组织抗洪，但是并没有阻碍宪法的制定工作，很多地方的领导干部是在防洪堤坝上组织民众进行讨论的。洪水冲坏了公路、铁路，讨论意见便用油纸包裹好，通过飞机空运到北京。1954 年 9 月 20 日，1197 名全国人大代表全票通过中华人民共和国宪法。老百姓兴高采烈，甚至不少父母给在那个时期出生的孩子，起名为“宪法”。

1954 年，一届全国人大一次会议全票表决通过了《中华人民共和国宪法》，在党的坚强领导下，中国历史上第一部社会主义类型的“人

2　习近平：《宪法修改要充分体现人民的意志》，《论坚持人民当家作主》，中央文献出版社 2021 年版，第 181 页。

民宪法”庄严诞生了。“五四宪法”确认了中国共产党领导人民进行长期斗争取得的伟大胜利成果，确认了千百年来受压迫的人民群众翻身当家作主的民主事实，是中国近代宪政运动历史经验的总结，是一部贯穿民主原则和社会主义原则的好宪法。

延伸阅读：“五四”宪法是体现全过程人民民主的“人民宪法”

1953年1月，中央人民政府委员会第二十次会议决定成立宪法起草委员会。该委员会由中共及各民主党派和其他人士共33人组成，其中大的民主党派如民革、民盟、民建各2位，其余党派及各人民团体各1位，充分体现了民主协商的平等精神。宪法起草委员会从1954年3月到6月先后召开7次全体会议，期间组织国家机关、全国政协、各民主党派、人民团体及社会各界代表共8000多人讨论宪法草案初稿，提出经整理后的意见6000多条。1954年6月中旬，中央人民政府委员会第三十次会议决定公布宪法草案，征求全国人民的意见。一届全国人大一次会议安排3天时间进行大会发言，讨论宪法草案，共89名人大代表作大会发言。9月20日，出席当天会议的1197名代表以全票赞成通过了新中国第一部宪法。宣布表决结果时，代表们全体起立，热烈鼓掌欢呼持续了5分钟。

党的十一届三中全会开启了改革开放历史新时期，发展社会主义民主、健全社会主义法制成为党和国家坚定不移的基本方针。邓小平同志指出，为了保障人民民主，必须加强法制，强调“要使我们的宪法更加完备、周密、准确，能够切实保证人民真正享有管理国家各级组织和各项企业事业的权力，享有充分的公民权利”[3]。

▲ 宪法精装大字宣誓本

1982年4月，五届全国人大常委会第二十三次会议审议宪法修改草案，并作出公布宪法修改草案的决议，将草案交付全国各族人民讨论。4月29日，人民日报发表题为《全民动员讨论宪法草案》的社论，指出广泛吸收人民的意见进行修改补充，才能使宪法草案更充分体现人民的意志。这次全民讨论宪法的时间达4个月之久，持续的时间比“五四宪法”草案的全民讨论还长了1个月，全国各地有80%至90%的成年公民参加讨论，规模之大、人数之多、影响之广前所未有。宪法修改委员会秘书处根据各方面的意见，经过认真研究，对草案具体规定作了许多补充和修改，总共有近百处，纯属文字的改动还没有计算在内，人民的意志和利益在宪法草案中得到充分、具体体现。

1982年11月至12月，五届全国人大五次会议召开，会议最受人瞩目的一项议程是审议宪法修改草案。会场内，全国人大代表、全国

3　邓小平：《党和国家领导制度的改革》，《人民代表大会制度文献选编（二）》，中国民主法制出版社、中央文献出版社2015年版，第485页。

政协委员热烈讨论草案、发表意见建议，会场外的广大人民群众也高度关注宪法草案的修改。呼和浩特制锁厂有位叫王银祥的工人给全国人大写信，提出了有关土地利用问题的四点建议。信寄出之后，他又怕邮递行程太慢，错过时间，第二天便赶到邮局，用四分之一的月工资发了一封近 200 字的电报阐述自己的建议，宪法修改草案采纳了他的部分建议。12 月 4 日，大会表决宪法修改草案，出席会议的 3040 名全国人大代表进行了无记名投票表决，赞成票高达 3037 张，仅有 3 张弃权票，弃权票不到千分之一，1982 年宪法成为我国立法史上第一部公开表决结果的法律。

1982 年宪法以 1954 年宪法为基础，深入总结了新中国成立以来的历史经验，体现了党的十一届三中全会所确立的路线、方针、政策，是党的正确主张和人民共同意志的统一。现行宪法 40 年来的实践充分证明：我国宪法是符合国情、符合实际、符合时代发展要求的好宪法，是充分体现人民共同意志、充分保障人民民主权利、充分维护人民根本利益的好宪法，是推动国家发展进步、保证人民创造幸福生活、保障中华民族实现伟大复兴的好宪法，是我们国家和人民经受住各种困难和风险考验、始终沿着中国特色社会主义道路前进的根本法制保证[4]。

我国宪法发展的一个显著特点，也是一条基本规律，是宪法随着党领导人民建设中国特色社会主义实践的发展而不断完善发展。对宪法进行适当修改，是经过反复考虑、综合方方面面情况作出的，目

4 习近平：《在首都各界纪念现行宪法公布施行三十周年大会上的讲话》，《人民代表大会制度文献选编（四）》，中国民主法制出版社、中央文献出版社 2015 年版，第 1570 页。

的是通过修改宪法使我国宪法更好体现人民意志，更好体现中国特色社会主义制度的优势。1982 年宪法公布施行后，1988 年、1993 年、1999 年、2004 年、2018 年，全国人大先后五次对宪法的个别条文和部分内容作出修正。如 1988 年宪法修正案规定“国家允许私营经济在法律规定的范围内存在和发展”；1993 年宪法修正案将“建设有中国特色社会主义的理论”“改革开放”以及“家庭联产承包为主的责任制”写进宪法；1999 年宪法修正案，明确我国将长期处于社会主义初级阶段，确立了我国社会主义初级阶段的基本经济制度和分配制度；2004 年宪法修正案规定“国家鼓励、支持和引导非公有制经济的发展”，将“公民的合法的私有财产不受侵犯”写入宪法。

2018 年，十三届全国人大一次会议通过第五个宪法修正案，这是进入新时代的首次宪法修改。主要修改内容：确立科学发展观、习近平新时代中国特色社会主义思想在国家政治和社会生活中的指导地位，调整充实中国特色社会主义事业总体布局和第二个百年奋斗目标的内容，完善依法治国和宪法实施举措，充实完善爱国统一战线和民族关系的内容，充实和平外交政策方面的内容，充实坚持和加强中国共产党全面领导的内容，增加倡导社会主义核心价值观的内容，修改国家主席任职方面的有关规定，增加设区的市制定地方性法规的规定，增加有关监察委员会的各项规定。这五次宪法修改，记录了中国前进的铿锵脚步，镌刻了改革发展的时代烙印。

延伸阅读：现行宪法的主要内容

现行宪法由“序言”“总纲”“公民的基本权利与义务”“国家机构”“国旗、国歌、国徽、首都”等 5 部分组成，共 138 条。翻开宪法，首先看到的是序言部分，该部分主要介绍中国历史、基本国情、发展道路，是宪法的重要组成部分，同各章节一样，具有最高法律效力。第一章总纲共32条，主要规定了我国的国家性质、根本制度、本质特征、国体政体、宪法原则、经济制度、分配制度等；第二章公民权利与义务共24条，主要规定公民在法律面前一律平等、政治权利和自由、宗教信仰自由、人身与人格权、监督权、社会经济及文化权利等；第三章国家机构共79条，规定了全国人民代表大会、中华人民共和国主席、国务院、中央军事委员会、地方各级人民代表大会和地方各级人民政府、民族自治地方的自治机关、监察委员会、人民法院和人民检察院的性质地位、职权、机构及人员组成、任期等。第四章共3条，规定了我国的国旗、国歌、国徽、首都。

习近平总书记指出："回顾我国宪法制度发展历程，我们愈加感到，我国宪法同党和人民进行的艰苦奋斗和创造的辉煌成就紧密相连，同党和人民开辟的前进道路和积累的宝贵经验紧密相连。"[5]我国宪法的发展历程是我们百年党史的有机组成部分，也是中国共产党百年奋斗史的生动记录。宪法回顾了党领导人民取得新民主主义革命胜利和社会主义事业伟大成就的光辉历程，确认了百年来党带领中国人民艰苦奋斗的伟大成果，规定了国家的根本制度和根本任务，体现了党百年奋斗的宝贵历史经验。

回顾百年来我们党领导的宪法建设史，我们可以得出这样一个历

5　习近平：《在首都各界纪念现行宪法公布施行三十周年大会上的讲话》，《人民代表大会制度文献选编（四）》，中国民主法制出版社、中央文献出版社2015年版，第1568页。

史结论：党的领导是历史的选择、人民的选择，是宪法事业不断发展的“定海神针”。我们党的领导越是坚强有力，宪法事业就越是向前发展、不断深化，我国民主法治事业就越是劈波斩浪、一往无前，人民当家作主就越是具体地、生动地、充分地实现。

（二）人民依法享有广泛权利和自由

宪法是公民权利的保障书，是人民民主权利和意愿的直接反映。列宁有言：“什么是宪法？宪法就是一张写着人民权利的纸。”[6] 从1954年宪法制定到2004年“人权”概念入宪，这张写着人民权利的纸越来越厚实、越来越厚重。公民的宪法权利在整个公民权利体系中占据最基本、最重要的地位。资产阶级革命之后，权利写入宪法，奠定了宪法制度的基础，现代宪法制度诞生。宪法权利构成了现代宪法制度的基石，是对人民主权的尊重和体现。

一部宪法，只有保障人民权利，维护人民利益，真正立法为民，才能得到人民的真诚拥护、内心坚守、行动践行。新中国成立以来，不管是宪法还是宪法修正案，都对保障公民权利作了明确规定。根据宪法制定和实施的各项法律制度，都必须建立在人民权利的基石之上。

延伸阅读：1982年宪法“公民的基本权利和义务”这一章提前的原因？

1982年在讨论宪法修改草案时，对宪法篇章结构问题，将“公民的基本权利和义务”作为第二章，放在“国家机构”之前，彭真同志在宪法草案的说明中指出：“宪法修改草案关于公民的基本权利和义务的

6 《列宁全集》（第12卷），人民出版社2017年版，第50页。

规定，是《总纲》关于人民民主专政的国家制度和社会主义的社会制度的原则规定的延伸。我们的国家制度和社会制度从法律上和事实上保证我国公民享有广泛的、真实的自由和权利”。[7]

宪法规定了公民基本的权利和义务，是确认公民权利的“宝典”。宪法饱含公民创造美好生活的理念，是每个公民享有权利、履行义务的根本法保证。宪法明确了公民基本权利和义务的三条基本原则：一是中华人民共和国公民在法律面前一律平等，任何公民都不允许有超越宪法和法律的特权，体现了法律面前人人平等这一社会主义法律的基本属性；二是国家尊重和保障人权，2004 年宪法修正案将这一原则写入宪法，体现了社会主义制度的本质要求，为推进我国社会主义人权事业发展提供了根本法依据；三是任何公民享有宪法和法律规定的权利，同时必须履行宪法和法律规定的义务，没有无权利的义务，也没有无义务的权利，这就明确了公民权利义务法定原则、权利义务相一致原则。

宪法是公民权利的“守护神”，保障人民享有充分的民主权利和政治权利。宪法第三十四条至第四十一条规定了公民在民主和政治方面的基本权利。主要规定了公民的选举权和被选举权，公民有言论、出版、集会、结社、游行、示威的自由，宗教信仰自由，公民人身自由，人格尊严不受侵犯，公民的住宅不受侵犯，公民的批评、建议、申诉、控告、检举和获得国家赔偿等权利。宪法还规定人民享有经济社会和文化权利等各项人权。如，宪法第四十二条到第五十条分别规定了公民的劳动权，劳动者休息权，物质帮助权，残疾军人生活保障，抚恤

---

7 彭真：《关于中华人民共和国宪法修改草案的报告》，《人民代表大会制度重要文献选编》（二），中国民主法制出版社、中央文献出版社 2015 年版，第 557 页。

烈属，优待军属，帮助残疾人等。

宪法权利至高无上，必须有一系列配套的制度设计、具体法律作为支撑，使公民的合法权利落地生根、开花结果，不会成为“镜中花”“水中月”。我国宪法第一章从国家的角度规定了国家在保护和实现公民权利等方面的职责。如，第十三条规定国家依照法律规定保护公民的私有财产权和继承权，第十一条规定国家保护个体经济、私营经济等非公有制经济合法的权利和利益。再比如，第十四条、十九条、二十条、二十二条、二十六条、二十八条等规定了国家在社会保障、发展教育、科学、文化、生态等方面的职责。这一系列规定涵盖人民的经济、社会、文化、环境保护等各方面权益，覆盖少数民族、妇女儿童、老年人、残疾人等特定群体，体现了党和国家保障公民经济社会和文化权利等各项人权，让广大人民共享发展成果的坚定决心。我国宪法在规定每项公民权利的同时又从具体国情出发，出台保证权利实现的切实可行、行之有效的具体举措。多年来，全国人大及其常委会制定了政治、经济、文化、社会、生态文明等方面的法律，有力保障和落实了宪法关于公民基本权利和义务的原则规定。

现行宪法实施 40 多年来，党和国家始终坚持发展为了人民、发展依靠人民、发展成果由人民共享，不断促进人的全面发展、社会全面进步。在我国宪法的有力保障下，发展成果更多、更公平地惠及全体人民，人民的经济社会和文化等权利得到充分实现，人民生活从温饱不足到全面小康进而迈向共同富裕，人民生活全方位改善，人民的获得感、幸福感、安全感不断提升。

（三）国家机构依法设置和运行

国家机构是实现国家职能的“四梁八柱”。宪法根据马克思主义国家学说和我国政权建设经验，将具有中国特色的人民代表大会制度作为我国的政权组织形式，按照民主集中制原则对全国人民代表大会、中华人民共和国主席、国务院、中央军事委员会、地方各级人民代表大会和地方各级人民政府、民族自治地方的自治机关、监察委员会、人民法院和人民检察院等国家机构的设置、组织、活动原则等进行了明确的规定。

在我国，国家的一切权力属于人民，各级国家机关的权力，都来自人民代表大会；追根溯源，都来自人民。人民通过人民代表大会行使国家权力，国家行政机关、监察机关、审判机关、检察机关都由人大产生，对人大负责、受人大监督。2018 年 3 月，第十三届全国人民代表大会第一次会议审议并批准了国务院机构改革方案，将监察部、预防腐败局并入新组建的国家监察委员会，通过监察法，产生国家监察委员会及其领导人员。2018 年 3 月 23 日，国家监察委员会在北京揭牌。在国家机关中设置监察机关，标志着人大产生的机关由“一府两院”变为“一府一委两院”，在国家机构建设史上具有里程碑意义。

人民当家作主是社会主义民主的本质和核心[8]。人民代表大会是中国人民当家作主的重要途径和最高实现形式。人民通过民主选举产生自己的代表，组成各级人民代表大会；各级人大对人民负责、受人民监督。根据宪法的规定，全国人民代表大会是最高国家权力机关，它

8　张德江：《人民代表大会制度六十年的实践经验》，《人民代表大会制度文献选编》（四），中国民主法制出版社、中央文献出版社 2015 年版，第 1777 页。

的常设机关是全国人大常委会。全国人大及其常委会主要行使国家立法权，对国家重大事项的决定权，对国家机关组成人员或者领导人员的选举和罢免权，对宪法实施和其他国家机关工作的监督权，以及应当由其行使的其他职权，这就是人们常说的人大常委会“四权”。

延伸阅读：人大常委会“四权”的由来

1980 年 4 月 18 日，当时地方人大常委会设立不久，全国人大常委会召开了各省、自治区、直辖市人大常委会负责人座谈会，时任全国人大常委会副委员长的彭真，在讲话中谈到地方人大常委会的任务、职权时指出：“这个问题，地方组织法第 27 条、28 条作了明确规定。主要是四条：第一，制定、颁布地方性法规；第二，讨论、决定本地区的政治、经济、文化、教育、卫生、民政、民族工作的重大事项；第三，人事任免；第四，监督本级政府和法院、检察院的工作”。这是首次把地方人大常委会的主要职权概括为“四权”，并沿用至今。

人民代表大会这一政权组织形式使全体人民能够更好地行使国家权力，广泛参加国家治理和社会治理；使国家机关决策权、执行权、监督权既有合理分工又有相互协调，能够更有效地领导和组织社会主义建设事业，使各地方在中央统一领导下，充分发挥主动性和积极性，保证国家统一高效推进现代化建设。

（四）宪法的生命在于实施

宪法的生命在于实施，宪法的权威也在于实施。维护宪法权威，就是维护党和人民共同意志的权威；捍卫宪法尊严，就是捍卫党和人民共同意志的尊严；保证宪法实施，就是保证人民根本利益的实现。

全面贯彻实施宪法，是建设社会主义法治国家的首要任务和基础性工作。只有切实尊重宪法，有效实施宪法，使纸面上的宪法成为现实中的宪法、行动中的宪法，宪法才能获得活的生命、活的灵魂，为新时代坚持和发展中国特色社会主义提供有力法治保障。

我们党高度重视宪法在治国理政中的重要地位和作用，把实施宪法摆在全面依法治国的突出位置，采取一系列有力措施加强宪法实施和监督工作，为保证宪法实施提供了强有力的政治和制度保障。党的十八大以来，以习近平同志为核心的党中央坚持依宪执政、依法执政，提出全面推进依法治国，法治中国建设舒展斑斓画卷，宪法的权威得到彰显、依宪执政更加自觉、宪法意识不断增强。

宪法是治国安邦的“四梁八柱”，不是虚无缥缈的“空中楼阁”，宪法的实施必须要有完善的制度体系进行支撑。全国人大及其常委会与宪法法律的制定、修改、解释和法律监督实施密不可分。按照宪法规定，修改宪法、监督宪法实施是全国人民代表大会行使的重要职权；解释宪法、监督宪法的实施是全国人大常委会行使的重要职权。这些法定职权既是人民当家作主、行使国家权力的重要体现，又是依宪治国、建设社会主义法治国家的必要保证。

习近平总书记明确指出：“宪法是国家根本法，是国家各种制度和法律法规的总依据。”[9]宪法所确立的根本制度、基本制度、重要制度、基本任务、基本原则、方针政策等，又要通过法律予以贯彻和体现。形成并不断完善以宪法为核心的中国特色社会主义法律体系，用科学有效、

9 习近平：《关于我国宪法和推进全面依法治国》，《论坚持全面依法治国》，中央文献出版社 2020 年版，第 215 页。

系统完备的法律制度保证宪法实施，是让宪法之树常青的“不二法宝”。“守一而制万物者，法也。”国家勋章和国家荣誉称号法、国歌法、英雄烈士保护法等宪法相关法的陆续出台，成为宪法落实落地的有力支撑。

国家勋章和国家荣誉称号制度是重要的国家制度，宪法对此作出明确规定。2019 年在中华人民共和国成立 70 周年之际，国家主席习近平根据全国人大常委会的决定，签署中华人民共和国主席令，向获得者授予国家勋章、国家荣誉称号奖章。这次开展颁授国家勋章和国家荣誉称号活动，是现行宪法颁布施行以来，也是国家勋章和国家荣誉称号法颁布施行以来的第一次，具有重大的历史意义和时代意义，是实施宪法关于国家勋章荣誉制度的重要实践，是开展宪法宣传教育的生动实践，切实彰显了宪法精神和理念，有利于增强全民宪法意识，弘扬宪法精神。

延伸阅读：国家勋章和国家荣誉称号首次颁授

2019 年 9 月 17 日，十三届全国人大常委会第十三次会议全票通过关于授予国家勋章和国家荣誉称号的决定，决定授予于敏等 8 人“共和国勋章”，授予劳尔·卡斯特罗·鲁斯等 6 人“友谊勋章”，授予叶培建等 28 人国家荣誉称号。

特赦制度发轫于古代，在中华文明中一直有慎刑恤囚、明刑弼教的思想，自唐代以来就形成了“盛世赦罪”的历史传统。经过近现代法律制度的不断发展完善，特赦制度已成为现代国家宪法中的一项规范内容，成为一项宪法制度。我国宪法对于特赦制度也作出了明确规定，全国人大常委会直接适用宪法规定作出特赦决定，是对宪法规定的直接适用，是贯彻实施宪法的重要创新实践，对于切实增强宪法意识、推动宪法实施，具有重要的宪法意义。新中国成立以来，我国先后实行了九次特赦。2019 年 6 月 29 日，在中华人民共和国成立七十周年前夕，十三届全国人大常委会第十一次会议作出特赦决定，国家主席习近平签署发布特赦令，对九类服刑罪犯实行特赦。这是实施宪法规定的特赦制度的又一次重要实践，体现了依法治国理念和人道主义精神。

延伸阅读：改革开放前的特赦制度

早在抗战时期，中国共产党领导下的抗日根据地就公布过宪法性文件宣布对战俘实行宽大政策。1941 年，《陕甘宁边区施政纲领》就对特赦进行了规定。1949 年 9 月，《中国人民政治协商会议共同纲领》第七条规定："对于一般的反动分子、封建地主、官僚资本家，在解除其武装、消灭其特殊势力后，仍须依法在必要时期内剥夺他们的政治权利，但同时给以生活出路，并强迫他们在劳动中改造自己，成为新人"。1949 年 9 月 27 日颁布的《中华人民共和国中央人民政府组织法》第七条规定，中央人民政府委员会，依据中国人民政治协商会议全体会议制定的共同纲领，行使"颁布国家的大赦令和特赦令"的职权。这是第一次正式规定国家的赦免制度。

宪法是国家的根本法，在全国范围内，具有最高法律地位和法律效力，是"一国两制"实践和特别行政区制度的"根"和"源"。坚定维护宪法和基本法确立的宪制秩序，是全面准确贯彻落实"一国两制"方针的根本要求，不存在脱离宪法的宪制，也不存在脱离宪法的法治。

全国人大常委会在"一国两制"实践中扮演着重要的宪法角色。全国人大及其常委会依照宪法和香港基本法，多次履行宪制责任，有效落实中央对特别行政区的全面管治权，补齐香港社会治理的漏洞和短板，进而形成一套符合香港实际情况、有香港特色的新的民主选举、国家安全制度。2020 年 5 月 28 日，十三届全国人大三次会议审议通过《关于建立健全香港特别行政区维护国家安全的法律制度和执行机制的决定》。6 月 30 日，十三届全国人大常委会第二十次会议全票通过了《香港特别行政区维护国家安全法》。“一法安香江”，香港国安法改变了香港在国家安全方面长期“不设防”的状态，堵住了香港维护国家安全的法律和制度漏洞，是一部兼具实体法、程序法和组织法内容的综合性法律，是继香港基本法之后，中央为香港特别行政区专门制定的第二部重要法律，它的实施让“南海明珠”光华胜往昔、容貌焕新采。

2021 年 3 月 11 日，十三届全国人大四次会议通过了《关于完善香港特别行政区选举制度的决定》，这是继香港国安法出台之后中央治港的又一重大举措，是立足香港的实际情况作出的适当选择，有利于推进香港的民主制度循序渐进、稳健发展，是落实“爱国者治港”原则的制度保障，有利于“一国两制”实践行稳致远。

（五）开展合宪性审查，加强备案审查制度和能力建设

保证宪法全面贯彻实施，必须要有健全完善的宪法监督制度作为依托和保障。监督宪法的实施是全国人大及其常委会的一项重要职权，全国人大常委会履行这一职责的重要方式就是对行政法规、地方性法规、司法解释包括所有规范性文件开展备案审查，做到“有件必备、有备必审、有错必纠”。作为一项符合中国国情、具有中国特色的宪法性制度设计，备案审查制度具有两重基本功能，一是保证中央令行

禁止,维护国家法治统一；二是保证宪法法律实施,维护公民合法权益。

备案审查制度的发展进程可以看作是宪法监督制度阔步前行的有力见证。从 2004 年全国人大常委会法制工作委员会设立法规备案审查室，到 2006 年起开始对司法解释进行逐件审查，从 2010 年起开始对行政法规进行逐件审查，再到对地方性法规主动审查、将所有红头文件纳入备案审查范围，人大层面的备案审查制度日臻完善、走深走实。

自 2017 年至 2022 年，全国人大常委会法工委连续 6 年向全国人大常委会提交备案审查工作情况的报告，听取和审议备案审查工作报告已经形成制度，引起了公众、媒体和学术界的高度关注，产生了很大的社会反响。全国人大常委会法制工作委员会于 2021 年成立了备案审查专家委员会，召开了备案审查专家委员会第一次会议，大力借助“外脑”，充分发挥专家学者作用，加强了备案审查理论研究，提高了备案审查工作质量。

备案审查关乎国家公信力、关乎群众身边事，与人民群众切身利益和日常生活息息相关，很多审查建议都是人民群众在现实生活中碰到问题后，通过各种方式提请全国人大常委会审查的。备案审查之所以被很多人民群众称呼为“直通车”，关键在于其通过制度化设计，畅通了渠道，简化了程序，一封信、一个电话、一点鼠标就能把群众的审查建议送达最高国家权力机关。2019 年以前，每年收到公民提出的审查建议大约在一二百件。2019 年 12 月 4 日，中国人大网开通“审查建议在线提交”平台，人民群众可以通过网络“一键提交”，公民提出的审查建议大幅增加。截至 2022 年底，公民组织网上提出审查建议 11800 余件。

延伸阅读：由公民建议启动的备案审查

2016年9月，律师苗永军为其遭遇“附条件逮捕”的当事人写了《申请审查建议书》，建议全国人大常委会启动“违宪违法审查”。全国人大常委会法工委收到审查建议书后，很快启动了规范性文件审查监督程序。法工委研究后认为，刑诉法已经对逮捕条件作了明确规定，“附条件逮捕”的出现造成了执行层面上实际形成两个不同的逮捕条件，因而并不妥当。当全国人大常委会法工委将上述意见致函最高人民检察院时，引起了最高检的高度重视。经过慎重研究，为依法准确适用逮捕条件，最高检侦查监督厅于2017年4月28日正式下发通知，不再适用“附条件逮捕”。苗永军得知“附条件逮捕”不再适用的消息后，格外激动：“这是依法治国的大环境下立法机关与司法机关共同推动法治进步的一个例证。过去觉得比较远的法治理念，其实离我们非常近。”

宪法第五条规定，“一切法律、行政法规和地方性法规都不得同宪法相抵触。一切国家机关和武装力量、各政党和各社会团体、各企业事业组织都必须遵守宪法和法律。一切违反宪法和法律的行为，必须予以追究。任何组织或者个人都不得有超越宪法和法律的特权。”这既是宪法具有最高法律权威、法律效力的直接规定，也是合宪性审查制度建设和推进合宪性审查工作的直接宪法依据。党的十九大提出：“加强宪法实施和监督，推进合宪性审查工作，维护宪法权威。”这是我们党首次在公开的中央文件中引入“合宪性审查”这一概念。经过多年的发展，合宪性审查制度发挥越来越大的作用，已经成为保障宪法法律实施和维护法治统一的“倚天长剑”，成为促进社会和谐和保障公民权益的“钢铁防线”。

延伸阅读：设置宪法和法律委员会名称凸显宪法至上

2018 年 3 月，十三届全国人大一次会议通过宪法修正案，将全国人大法律委员会修改为全国人大宪法和法律委员会。虽然名称上只是增加了“宪法和”三个字，但是从某种意义上讲，这是一个全新的委员会。宪法和法律委员会的设立，可以说实现了 1982 年宪法起草以来学界一直呼吁的设想，就是希望能有一个专门的合宪性审查工作机构。1982 年宪法起草过程中，“宪法监督”就是最重要的议题之一，当时就有设立宪法委员会的设想，但最终没有实现。

全国人大及其常委会通过的法律和作出的决定决议，应当确保符合宪法规定、宪法精神，这就涉及合宪性审查的问题。对于法律的合宪性审查，我国主要采用“事先审查”模式。在审议法律草案时“同步”进行合宪性审查，将法律同宪法相抵触问题解决在源头，确保法律的合宪性，保证制定的法律符合宪法规定、宪法原则和宪法精神。对于事先审查，八届全国人大常委会委员长乔石曾指出：“多年来，全国人大常委会坚持这一根本原则，较好地解决了某些法律草案中同宪法规定不一致的问题，今后在起草和审议法律草案时都要坚持这样做。”[10]

延伸阅读：外商投资法制定过程中的合宪性审查

在外商投资法草案审议过程中，全国人大常委会法制工作委员会加强对外商投资立法合宪性研究，对外商投资立法与宪法第十八条规定含义形成专题研究意见。经研究认为：外商投资法充分体现了宪法

10 乔石：《十四大以来重要文献选编》（中），人民出版社 1997 年版，第 1606 页

精神，是对宪法规定进行的创新性、拓展性实践，符合人民期待、发展规律和时代要求，符合宪法规定和精神，体现了宪法的适应性。

（六）开展宪法宣传，弘扬宪法精神

宪法的根基在于人民发自内心的拥护，宪法的伟力在于人民出自真诚的信仰。近年来，从设立国家宪法日、开展“宪法宣传周”活动到实行宪法宣誓制度，从实施宪法规定的特赦制度到通过立法实施宪法确立的国家勋章和国家荣誉称号制度等，围绕宪法实施监督，我们大力弘扬宪法精神、维护宪法权威、推动宪法实施、加强宪法监督，积累了一系列实践成果和工作经验，收获了显著成效。深入开展尊崇宪法、学习宪法、遵守宪法、维护宪法、运用宪法的宣传教育活动，有利于弘扬宪法精神，树立宪法权威，推动全体人民都成为社会主义法治的忠实崇尚者、自觉遵守者、坚定捍卫者。

建立宪法宣誓制度，是我们党汲取优秀传统文化、面向未来发展趋势，在党的十八届四中全会提出的重大法治举措。宪法宣誓是依宪治国、依宪执政的庄严承诺，向宪法宣誓，不仅是一个庄严的仪式，也是彰显宪法权威的重要方式。

全国人大常委会于2015年6月作出《关于实行宪法宣誓制度的决定》，以立法形式正式确立我国宪法宣誓制度。2018年3月，十三届全国人大一次会议通过的宪法修正案，在“总纲”第二十七条增加一款：“国家工作人员就职时应当依照法律规定公开进行宪法宣誓。”宪法宣誓制度从正式确立到修改完善再到载入宪法只用了短短4年时间，这从一个侧面反映出党中央尊崇宪法、依宪治国的坚定信念和决心。

▲ 2022年6月8日，德州市陵城区十九届人大常委会第三次会议召开，新当选的德州市陵城区国家机关工作人员向宪法宣誓。

2018年3月17日上午，再次当选中华人民共和国主席、中华人民共和国中央军事委员会主席的习近平左手抚按宪法，右手举拳，面向近3000名全国人大代表庄严宣誓。这是中华人民共和国历史上首次国家最高领导人宪法宣誓，也是宪法宣誓制度施行以来首次在全国人民代表大会全体会议上举行的宪法宣誓仪式。作为党和国家最高领导人，习近平主席面对宪法宣誓，传递出强烈的历史仪式感，让蕴藏的宪法精神被更大限度地感知和接受，促使依法治国、依宪治国更好地在中华大地落地生根，具有以上率下的示范意义。

延伸阅读：宪法宣誓誓词

“我宣誓：忠于中华人民共和国宪法，维护宪法权威，履行法定职责，忠于祖国、忠于人民，恪尽职守、廉洁奉公，接受人民监督，为建设富强民主文明和谐美丽的社会主义现代化强国努力奋斗！”

国徽高悬，熠熠生辉；宪法至上，深入人心。宪法宣誓制度施行以来，中央和地方国家机关大多制定了具体组织办法，宣誓活动在全国上下广泛推行。2016 年 9 月，国务院在中南海首次举行宪法宣誓仪式，组织新任命的 38 个组成部门的 55 名负责人庄严宣誓。2016 年 1 月，最高人民法院举行首次宪法宣誓仪式，45 名新任法官庄严宣誓。最高人民检察院首次新任检察官宪法宣誓仪式是在 2014 年 12 月，180 多名新任和新晋升检察官庄严宣誓。2018 年 3 月 23 日，国家监察委员会揭牌并举行新任国家监察委员会副主任、委员宪法宣誓仪式。

宪法的权威来自所有社会成员信仰宪法，而信仰的前提则是了解宪法。民众对宪法的了解程度也间接反映出法治社会的发展程度，宪法作为根本大法是民众理解其他法律法规的基础，也是评价政府行为和社会事件的标准。设立国家宪法日，架起了宪法与写字间、工厂、农田的人民群众联系的“桥梁纽带”，让“高高在上”的宪法飞入“寻常百姓家”。为了推动宪法宣传教育的常态化、机制化，2014 年 11 月，十二届全国人大常委会第十一次会议审议通过《关于设立国家宪法日的决定》，以立法形式将 12 月 4 日设立为“国家宪法日”，规定国家通过多种形式开展宪法宣传教育活动。

截至 2022 年年底，我们已经迎来了 9 个国家宪法日，习近平总书记先后 3 次作出重要指示，对新形势下加强宪法宣传教育、维护宪法法律权威、全面贯彻实施宪法、更好发挥宪法作用，提出新任务新要求。2014 年在首个国家宪法日来临之际，习近平总书记指出，要以设立国家宪法日为契机，深入开展宪法宣传教育，大力弘扬宪法精神，切实增强宪法意识，推动全面贯彻实施宪法。2016年在第三个国家宪法日到来之际，习近平总书记对“五四宪法”历史资料陈列馆作出重要指示，充分肯定其设立的重大意义，要求他们为普及宪法知识、增强宪法意识、弘扬宪法精神、推动宪法实施作出贡献。2018年12月4日既是第五个国家宪法日，也是新的宪法修正案颁布施行后第一个宪法日，习近平总书记再次作出重要指示，强调党领导人民制定和完善宪法，就是要发挥宪法在治国理政中的重要作用。

延伸阅读：宪法走进中小学生课堂

2014年12月4日是我国第一个国家宪法日，全国40万所中小学开展晨读宪法活动。教育部要求全国教育系统集中开展宪法教育活动，全国40万所中小学的教师将根据学生实际，选择宪法序言及正文中的适当章节、条款，组织学生集体朗读。

尊重宪法所确立的生活方式不仅要靠政府的大力推动，更要靠公民的自觉参与和积极响应。当越来越多的青年人选择在18岁时手持宪法举行一场独特的成人仪式；当越来越多的公民选择在私有财产受到非法侵犯时手持宪法维护自身合法权益；当越来越多的公职人员在履职前手持宪法宣誓就任……宪法的权威在全社会得到树立，对宪法的尊重和信仰开始成为公民自觉。只有当宪法深深融入每一个公民的血液之中，与每一个人同呼吸、共命运，承载每一个人的梦想，个人、社会和国家才能更好地联系在一起，并产生良性互动，个人的健全、社会的稳定和国家的长治久安才能真正实现。

延伸阅读：历史资料陈列馆成为宪法故事“大讲堂”

西子湖畔，杭州市北山街84号，“五四宪法”历史资料陈列馆的展厅内，杭州市长寿桥小学的小树苗联盟小队四个学生结伴而坐，认真地观看影片《中华人民共和国第一部宪法诞生记》。杭州是“五四宪法”草案起草地，2016年12月4日，第三个国家宪法日，位于杭州市西子湖畔的“五四宪法”历史资料陈列馆正式开馆，生动再现“五四宪法”起草、讨论、通过到实施的全过程，让宪法条文内容成为可听、可看、可讲的宪法故事。杭州市把陈列馆打造成青少年第二课堂和社会实践活动场馆，让尊崇宪法、尊崇法律的法治信仰植根于青少年的心灵深处。全市3.2万名大中小学生踊跃前往参观学习，陈列馆成了青少年接受宪法和法治教育的生动课堂。

回顾人类宪法发展，好的社会实践与好的宪法相辅相成、同向而行；回溯新中国的宪法实践，中华民族伟大复兴的进程与宪法发展相得益彰、同频共振。在一部好宪法的规范、引领、推动、保障下，人民当家作主具体地、现实地体现到党治国理政的政策措施上来，具体地、现实地体现到党和国家机关各个方面各个层级工作上来，具体地、现实地体现到实现人民对美好生活向往的工作上来。

四、中国的民主选举制度

选举制度是中国人民代表大会制度的重要内容。选举人大代表是中国人民行使国家权力的重要方式，是人民当家作主的直接体现，体现了全过程人民民主理念，保障了国家机构依法产生和国家机构领导人员有序更替。人民选举人大代表组成人民代表大会，由人民代表大会选举或者决定任免国家机关工作人员，既是国家机关权力合法性、权威性的来源，也是我国政权源于人民的集中体现。

金句

我国全过程人民民主实现了过程民主和成果民主、程序民主和实质民主、直接民主和间接民主、人民民主和国家意志相统一，是全链条、全方位、全覆盖的民主，是最广泛、最真实、最管用的社会主义民主。[1]

（一）中国选举制度的历史发展

中国的民主选举制度和选举实践，早在中国共产党领导的土地革命战争时期就已经产生。中华苏维埃共和国时期，先后出台了《选举条例》《选举细则》《选举委员会的工作细则》《苏维埃暂行选举法》

---

1 习近平：《在中央人大工作会议上的讲话》（2021 年 10 月 13 日），《求是》2022 年第 5 期。

等法律法规，依法对选民资格、选举程序及不同身份的代表比例作出详细规定。中央苏区开展了数次声势浩大的民主选举，逐级选举乡、区、县、省和全国苏维埃代表和苏维埃政府，许多地方参加选举的人数占选民总数的 80% 以上，一些地方达到 90% 以上，妇女享有与男子平等的权利，在代表中一般占 20% 以上，可谓“起点即巅峰”，比当时很多西方国家的选举制度都更先进、更民主。

延伸阅读：苏区的三次民主选举运动

1930 年至 1934 年间，我们党领导苏区人民开展了三次声势浩大的民主选举运动。第一次是 1930 年 9 月起，湘鄂赣、赣西南、赣东北、闽粤、鄂西湘西、鄂豫皖、湘南、广西、琼崖等 9 个特区选举产生了 600 多名参加“一苏大会”的代表。第二次是 1931 年底，中华苏维埃共和国临时中央政府成立后不久，各级地方苏维埃政权进行了全部或部分改选，吸引广大工农群众参加城乡代表会议和地方苏维埃政府工作。第三次是 1933 年 6 月起，按照中华苏维埃共和国中央执行委员会《关于召集第二次全苏大会的决议》，各级苏维埃逐级选举产生了 700 多名参加“二苏大会”的代表。[2]

抗日战争时期，根据地政权实行“三三制”原则，即在各级参议员和政权机关人员构成中，共产党员、非党员的左派进步分子、中间分子各占 1/3。普遍采取民主集中制，各级抗日民主政权机构的领导人都经过人民选举产生，并在中国选举史上第一次明确提出采用“普遍、直接、平等、无记名投票”的原则。

---

2 赵力平：《中华苏维埃时期民主选举的实践探索》，《中国人大》2021 年第 24 期。

延伸阅读：抗日战争时期的民主选举盛况空前

1939年1月陕甘宁边区第一届参议会通过的《陕甘宁边区选举条例》规定“凡居住边区境内之人民，年满十八岁者，无阶级、职业、男、女、宗教、民族、财产与文化程度之差别，经选举委员会登记，均有选举权和被选举权”。在实际投票中，群众有许多创造，如采取了投豆、花圈、画杠、燃香在纸上烧眼等选举办法。由于选举结果与切身利益密切相关，选民参与选举的热情高涨，各地热闹非凡，就像赶庙会、过年过节一样，有的妇女抱着娃娃、兜里揣着馍馍参加选举；连许多极少出窑洞的小脚妇女，也骑着毛驴翻山越岭参加选举；许多村子几乎男女老少一齐出动。[3]

解放战争时期，中国共产党领导中国人民对民主选举和政权建设进行积极探索，在各解放区相继召开人民代表会议，向正式建立人民代表大会制度过渡。

延伸阅读：华北临时人民代表大会代表的产生

华北临时人民代表大会于1948年8月7日在石家庄人民礼堂举行开幕会，这是新中国成立前以“人民代表大会”命名的最高层次的区域性权力机构，是全国人民代表大会的前奏和雏形，其中一项重要特征就是制定了选举办法，确定了区域、军队、妇女、少数民族等10种类型的代表，绝大多数代表由选举产生。[4]

---

3 《中国共产党的九十年（新民主主义革命时期）》，中共党史出版社2016年版，第231页。

4 《人民代表大会制度从这里走来》，中国民主法制出版社2021年版，第93—105页。

▲ 华北临时人民代表大会会场。王律 供图

到 1952 年底，人民代表会议形成一项经常性制度，在全国普遍实行，为开展全国范围的普选，进而召开全国人民代表大会奠定了坚实基础。

延伸阅读：费孝通眼中的“民主课”

中国共产党领导的民主政权建设，对一些受过英美式教育和西方民主政治影响的人们，是一种别开生面的教育。清华大学教授费孝通参加了北京市各界人民代表会议，看到许多一望而知不同的人物，有穿制服的，穿工装的，穿短衫的，穿长袍的，还有戴瓜皮帽的，都在听取市长的工作报告，一起讨论财政税收等问题。会议还对各界代表提交的提案，分别予以审议、安排处理。他感到参加这样的会议，就像上了几天生动的“民主课”。[5]

1953 年 2 月，中国中央人民政府委员会通过了选举法，规定了“一个真正民主的选举制度”，确立了普遍、平等、直接选举与间接选举相结合的人大代表选举原则，为保障中国公民依法行使选举权和被选举权、依法产生各级人大代表提供了法律保障。这标志着我国社会主义民主选举制度的正式确立，与西方国家用了上百年甚至数百年的时间才实现法律意义上的“普选”相比，我国一步到位地实行名副其实的普遍选举，是人类政治文明史上的巨大飞跃。选举法实施后，在全国范围内进行了中国历史上第一次规模空前的选举，在此基础上自下而上逐级召开了各级人民代表大会，产生了地方各级国家政权机关。

延伸阅读：“数”说第一次全国普选

1953 年 7 月至 1954 年 5 月，在全国范围内开展了基层人大代表的选举。当时中国有 6 亿人口，登记选民 3.23 亿，占进行选举地区 18 周岁以上人口总数的 97.18%。参加投票选举 2.78 亿人，共选出基层人大代表 566 万余名。经过逐级选举，最终 45 个选举单位选举产生了 1226 名一届全国人大代表。这次规模空前的普选实践，是中国人民翻身做主人、行使当家作主权利的伟大历史事件。

在社会主义革命和建设时期，中国民主政治建设在摸索中不断发展，虽然经历了严重曲折，但也取得了重大理论和实践成果，积累了

5　费孝通：《我参加了北平各界代表会议》，《人民日报》1949 年 9 月 2 日。

宝贵经验，为找到适合中国实际情况的民主选举制度和政治发展道路打下了坚实基础。

进入改革开放新时期，随着经济社会发展，社会主义民主法治建设不断加强，人大代表选举制度也不断健全完善，形成了一套适合国情和实际的中国特色社会主义民主选举制度。1979 年 7 月，五届全国人大二次会议全面修订了选举法，在继承 1953 年选举法的基本原则和制度的同时，根据新时期的实际需要，对人大代表选举制度作了一系列改革和发展，主要内容有：将直接选举人大代表的范围扩大到县一级；各级人大代表选举由原来的等额选举改为差额选举；明确人口特少的少数民族，至少应有一名全国人大代表；选举一律采用无记名投票的方法。全国人大及其常委会于 1982 年、1986 年、1995 年、2004 年、2010 年、2012 年、2015 年先后 7 次对选举法进行修改和补充。这是改革开放以来修改次数最多的一部法律，成为我国民主选举制度和实践完善发展的生动写照。

延伸阅读：适当增加基层人大代表数量

1997 年底，我国五级人大代表总数为 312.5 万名，其中，县级人大代表共 57.98 万名，乡镇人大代表共 242.34 万名。自 1997 年以来，我国五级人大代表总数特别是乡镇人大代表数量却呈逐届减少的趋势。2017 年底，全国五级人大代表总数为 262.32 万名，与 1997 年底比，减少了 50.18 万名，降幅为 16.05%。乡镇人大代表数量由 1997 年的 242.34 万名减少至 2017 年的 188.15 万名，减少了 54.19 万名，降幅为 22.4%。乡镇人大代表数量减少是五级人大代表总数逐届减少的主要原因。2020 年修改选举法，适当增加县乡两级人大代表名额的基数，将不设区的市、市辖区、县、自治县的人大代表名额基数增加20名，由120名提高至140名；将乡、民族乡、镇的人大代表名额基数增加5名，由40名提高至45名。同时，对不设区的市、市辖区、县、自治县的代表总名额达到上限所对应的人口数作相应调整。

选举法的全面实施，充分保障和实现了中国公民的选举权和被选举权。从1979年到2022年，我国共进行12次乡级人大代表直接选举、11次县级人大代表直接选举，参选率都在90%以上；进行了9次县级以上人大代表间接选举。上一次全国范围的人大换届选举从2016上半年开始，至2018年年初完成，共选出五级人大代表262.3万名，其中，全国人大代表2980名，省级人大代表2万名，设区的市级人大代表12.2万名，县级人大代表59.7万名，乡级人大代表188.1万名。在中国，每一个地区、每一个行业、每一个领域、每一个民族都有人大代表。新一轮县乡两级人大换届选举从2021年上半年开始，于2022年年底前完成。从国家领导人到普通群众，全国10亿多选民一人一票直接选举产生260多万名县乡两级人大代表，是世界上规模最大、参与人数最多的民主选举。民主选举的依法有序开展，有力地保障了人民当家作主，巩固了中国共产党执政地位，加强了国家政权建设。

延伸阅读：106岁老人参加第18次人大换届选举投票

2021年10月15日上午，四川省雅安市天全县新华乡永安村8组的106岁老人李朝兰依法行使自己的选举权利，为产生新一届县乡两级人大代表投出宝贵一票。她激动地说："这是我参加的第18

次人大换届选举投票呢。第一次参加选举，是1953年的冬天。那次投票，我们还是用玉米投的呢！”望着票箱，李朝兰陷入了回忆，自言自语道：“那天，我好高兴哦，激动得几乎一夜没睡！一晃，快七十年过去啦。”这跨越半个多世纪的深刻回忆，见证了新中国选举制度的建立与发展，也彰显了人民代表大会制度的强大生命力和巨大优势。[6]

▲ 四川省雅安市天全县新华乡永安村8组的106岁老人李朝兰老人将选票郑重投入票箱中。摄影：杨爱玲
（来源：中国人大网）

（二）人大代表选举的基本原则

金句

选举人大代表，是人民代表大会制度的基础，是人民当家作主的重要体现。要把民主选举、民主协商、民主决策、民主管理、民主监督各个环节贯通起来，不断发展全过程人民民主，更好保证人民当家作主。要加强选举全过程监督，坚决查处选举中的不正之风，确保选

6 《四川：一位106岁老人的第18次选举投票》，《中国人大》2021年第20期。

举工作风清气正，确保选举结果人民满意。[7]

1. 普遍性原则

衡量一个国家的选举制度是否民主，首先要看是否所有的成年人，都享有选举权和被选举权。我国宪法明确规定，中华人民共和国年满十八周岁的公民，不分民族、种族、性别、职业、家庭出身、宗教信仰、教育程度、财产状况、居住期限，都有选举权和被选举权；但是依照法律被剥夺政治权利的人除外。

延伸阅读：刚满 18 岁的大学生第一次行使选举权

2021 年 12 月 23 日，在西南林业大学，年满 18 岁的大学生们在这一天第一次参加人大代表选举，投出了自己人生中的第一张选票。大学生、选民陈舒雨表示，“行使第一次选举权，往小的讲，这是我成长的证明；往大了讲，每一票都关乎我们人民幸福、社会安定、国家富强。我们作为拥有选举权的公民，必须要重视这个权利，选出真正能够全心全意为人民服务的代表。”大学生、选民肖雅文说道：“今年，作为一名中国公民，我将投出自己宝贵的一票，这样给予了我一份独特的成人仪式感，让我对人民民主有了更深切的感受，逐渐领悟到自己对于国家、对于社会所肩负的责任和使命。”大学生、张楚湘则表示，“18 岁，我开始有权代表我自己了，我的第一次选择也受到法律的认可。我为我所行使的投票权感到非常的骄傲！”[8]

---

7 《不断发展全过程人民民主 加强选举全过程监督》，《人民日报》2021 年 11 月 6 日。

8 《人生第一次参加选举！今天，西南林业大学的他们有话说》，来源于掌上春城，https://view.inews.qq.com/a/20211223A0DI1500。

选举法重申了宪法的规定，只要符合三个条件就享有选举权和被选举权：一是具有中华人民共和国国籍，即法律上确认的公民身份；二是年满 18 周岁，即公民成年的标志；三是未被剥夺政治权利。这有利于实现最大多数人民群众的选举权和被选举权，是人民当家作主的最重要、最直接体现。据此，在我国超过 99% 的年满 18 周岁的中国公民都享有选举权和被选举权。

2. 平等性原则

选举权的平等性原则，就是公民在选举中的地位平等，享有同等的选举权。具体来说，就是每个公民都是一人一票，每一张选票的价值相等、效力相同。“人人相亲，人人平等，天下为公，是谓大同，”曾经是无数中国人梦寐以求的理想。我国选举法规定，“每一选民在一次选举中只有一个投票权”。同时还规定，妇女享有同男子平等的选举权，并对保障各少数民族享有选举权作出专门规定。

选举权平等原则除了形式上的一人一票外，更深一层的要求是代表名额的分配要平等。2010 年修改选举法，适应新形势新情况新要求，实行城乡按相同人口比例选举人大代表，改变了以往按人口数分配代表名额时区分城乡的做法，还规定同一公民不能同时担任两个以上无隶属关系的行政区域的人大代表，将违反选举权平等原则的做法从法律上作了禁止性规定，是选举权平等的一大历史进步。

为了保证各个方面都有一定数量的代表进入国家权力机关，更好反映人民意愿，在每次代表选举时，都会在法律规定的基础上对优化代表结构和保证一线的工人、农民、知识分子和妇女代表数量等方面提出指导性意见，这是保证实质平等的重要体现。比如，在十三届全国人大代表中，妇女代表占代表总数的 24.9%，创历史新高；一线工人、农民代表占 15.7%，专业技术人员占 20.57%，都比上一届有所提高；党政机关代表降低了 0.95%。来自一线的人大代表数量增多，可以带来更多基层声音、更好反映群众诉求。在 2021 年启动的新一轮县乡人大换届选举中，各地依法重新确定县乡人大代表名额后，进一步提高基层代表特别是一线工人、农民、专业技术人员代表的比例，新增县乡人大代表名额向基层群众、社区工作者等倾斜，其中县级人大代表名额重点向由乡镇改设的街道倾斜。

2011 年、2016 年全国县乡两级人大换届选举代表结构比例统计情况

代表结构	级别	2011 年		2016 年	
		占比	较前一轮变化情况	占比	较前一轮变化情况
一线工人、农民和专业技术人员	县级	50.40%	上升 5.84%	51.06%	上升 0.66%
	乡级	75.10%	上升 3.84%	76.34%	上升 1.24%
妇女代表	县级	23.91%	上升 1.85%	28.41%	上升 4.5%
	乡级	25.11%	上升 2.67%	28.02%	上升 2.91%
党政领导干部	县级	18.21%	下降 4.37%	17.39%	下降 0.82%
	乡级	11.32%	下降 2.42%	11.21%	下降 0.11%

2011 年、2016 年各级人大代表选举中妇女代表比例情况

级别比例	2011 年	2016 年
全国人大代表中妇女代表比例	23.40%	24.90%
省级人大代表中妇女代表比例	24.68%	28.23%
市级人大代表中妇女代表比例	22.07%	28.13%
县级人大代表中妇女代表比例	23.91%	28.41%
乡级人大代表中妇女代表比例	25.11%	28.02%

3. 直接选举与间接选举相结合原则

直接选举是指将代表名额分配到选区，由选区选民直接投票选举产生人大代表。间接选举是指将代表名额分配到选举单位，由选举单位召开选举会议选举产生人大代表。由于我国幅员辽阔、人口众多，各地政治、经济、文化、社会等发展水平不平衡的情况比较突出，我国选举制度采取了以直接选举为基础，直接选举和间接选举相结合的办法。即县乡两级人大代表实行直接选举，设区的市级、省级和全国人大代表实行间接选举。在此情况下，直接选举具有特别重要的作用，不仅担负着选举产生本级国家权力机关的功能，而且为上级国家权力机关以至最高国家权力机关的产生奠定了基础。因此，直接选举是组织国家政权的基础。

延伸阅读：五级人大代表的产生方式

根据宪法和法律规定，五级人大代表的产生方式：一是全国人民代表大会由省、自治区、直辖市、特别行政区和军队选出的代表组成；二是全国人大代表，以及省、自治区、直辖市、设区的市、自治州的

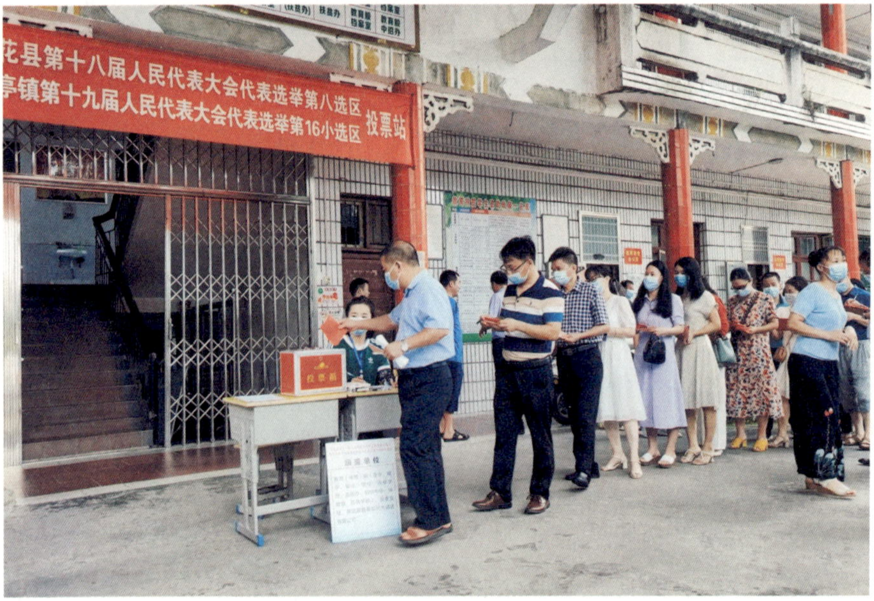

▲ 2021 年新一轮县乡两级人大代表换届投票选举

人大代表由下一级的人民代表大会选举；三是县、自治县、不设区的市、市辖区、乡、民族乡、镇的人大代表由选民直接选举。其中，全国人大代表中的军队代表，以及省、自治区、直辖市、设区的市、自治州的人大代表中的军队代表，都是由军人代表大会选举产生。香港、澳门特别行政区的全国人大代表分别由香港特别行政区、澳门特别行政区成立的选举会议，直接选举产生。台湾地区的全国人大代表，由各省、自治区、直辖市和中央国家机关、中国人民解放军中的台湾省籍同胞组成的协商选举会议直接选举产生。

4. 差额选举原则

差额选举是与等额选举相对而言的，是候选人数多于应选人数的一种选举制度。差额选举是选举法的重要原则，是选举的应有之义，是民主选举的必然要求。选举法规定，全国和地方各级人民代表大会代表实行差额选举，代表候选人的名额应多于应选代表的名额。直接选举中，候选人名额应多于应选名额三分之一至一倍；间接选举中，候选人名额应多于应选名额五分之一至二分之一。相对于等额选举，差额选举使选民和代表有更多的选择余地，有利于他们自由地表达选举意愿，从而更有利于选出人民群众满意、履职能力强、综合素质高的人大代表。对当选代表来说，有利于激励代表认真履职，密切同选民或者选举单位的联系，真正反映选民或者选举单位的意见和要求。在差额选举中，代表候选人来源于两个渠道：一是各政党、人民团体提名；二是选民和代表十人以上联名。这体现了上下结合、组织与群众相结合的原则。差额选举作为我国选举法的一大原则，正在实践中不断丰富和发展。

5. 无记名投票原则

我国 1953 年选举法规定，基层选举可以“采用以举手代投票方法，亦得采用无记名投票方法。县以上各级人民代表大会之选举，采用无记名投票方法”。这是从当时识字率较低的实际情况出发而作出的实事求是的规定，以方便选民参加选举。1979 年选举法明确规定：“全国和地方各级人民代表大会代表的选举，一律采用无记名投票的方法。”采用无记名投票，投票人之外的任何人都不知道投票人投了哪位候选人的票，可以消除投票人的顾虑，更有利于投票人按照自己的意愿进行投票，使选举结果更加真实、更加公平。

延伸阅读：2010年明确规定人大选举设秘密写票处

1988年3月28日，来自台湾地区的全国人大代表黄顺兴，在七届全国人大一次会议上提议设立“秘密投票处”，理由是代表们的座位离得很近，可能被邻座看到投票结果，侵犯代表的权利。后来这个建议被采纳。2010年，新修订的选举法增加规定：“选举时应当设有秘密写票处。”[9]

（三）人大代表选举制度和实践

为了保障人民行使当家作主的权利，确保人大代表选举顺利进行、选举结果真实有效，选举法规定了一系列旨在保障选民和人大代表自由行使选举权的制度措施。人大代表选举是重要政治活动，是我国社会主义民主政治建设的重要内容，具有很强的政治性、法律性和政策性。2020年修改的选举法，增加规定：“全国人民代表大会和地方各级人民代表大会代表的选举工作，坚持中国共产党的领导，坚持充分发扬民主，坚持严格依法办事”。其中，坚持党的领导是第一位的原则、最根本的原则。实践表明，凡是选举工作搞得好的，都是地方党委高度重视这项工作，严格贯彻落实党中央精神和法律规定。因此，必须坚定坚持党中央集中统一领导，把党的领导贯穿于换届选举全过程和各方面，确保在各个环节步骤上不变通、不走样、不简化，真正实现人民的选举权利。

9　刘妤：《新中国人大及其常委会投票表决方式的历史变迁和特点》，《法律史评论》2021年第2卷，社会科学文献出版社2022年版。

1. 选举机构

根据选举法规定，全国人大常委会主持全国人大代表的选举。省、自治区、直辖市、设区的市、自治州的人大常委会主持本级人大代表的选举。直接选举设立选举委员会，主持本级人大代表的选举。不设区的市、市辖区、县、自治县的选举委员会受县级人大常委会的领导。乡、民族乡、镇的选举委员会受县级人大常委会的领导。省、自治区、直辖市、设区的市、自治州的人大常委会指导本行政区域内县级以下人大代表的选举工作。选举委员会的组成人员由本级人大常委会任命。乡、民族乡、镇的选举委员会的组成人员由不设区的市、市辖区、县、自治县的人大常委会任命。选举委员会的组成人员为代表候选人的，应当辞去选举委员会的职务。

2. 各级人大代表名额

我国国土辽阔、人口众多，人大代表数量少了，代表性、广泛性不足；人大代表数量多了，又不便于开会议事。因此，保持适当规模的人大代表数量至关重要。按照健全法制的要求，选举法逐步对各级人大代表名额加以规范，作出了明确规定。

延伸阅读：1953 年选举法关于确定代表名额的两个原则

邓小平同志在《关于〈中华人民共和国全国人民代表大会及地方各级人民代表大会选举法（草案）〉的说明》中指出："对于各级人民代表大会代表的名额，我们是依据这样两个原则来拟定的，即：（一）它必须使各级人民代表大会是具有工作能力的国家政权机关，既便于召集会议，又便于讨论问题和解决问题；（二）它必须使各级人民代表大会与人民之间具有密切的联系，在人民代表大会中，既须有相当于社会各民主阶级地位和有相当于各民族或种族地位的代表，又须注意到代表的地区性，以便于随时反映各民族各阶级各地区的情况，并能随时将代表大会的决议迅速传达到各民族各阶级各地区的人民中去，把每个决议都变成为全体人民的实际行动。”

根据选举法规定，全国人大代表的名额不超过3000人，名额的具体分配由全国人大常委会决定。关于地方各级人大代表的总名额，选举法规定了基数加按人口数计算确定代表名额的办法，并且不得超过选举法所规定的名额上限。省级人大代表名额基数为350名，省（区）每15万人可以增加1名代表，直辖市每25000人可以增加1名代表，代表总名额不得超过1000名。设区的市级人大代表名额基数为240名，代表名额最多不得超过650名。县级人大代表名额基数为140名，代表名额最多不得超过450名。乡级人大代表名额基数为45名，最多不得超过160名。

延伸阅读：全国人大代表名额规定的发展演变

1953年选举法没有对全国人大代表的名额作具体规定。一届、二届全国人大代表为1226名，其中很重要的原因，一个是当时的人口规模，另一个是当时会议举行地——中南海怀仁堂只能容纳这么多人。1959年9月，北京人民大会堂竣工，大礼堂第一层设有座位3501个，第二层3454个，第三层2517个，总计可容纳近1万人。这就为增加代表名额创造了客观条件。之后，三届全国人大代表名额大幅增加，为3040人。五届全国人大代表数增加到3497名，这是全国人大代表人数最多的一届。1979年选举法首次明确全国人大代表的名额不超过3500人。1986年修改选举法，将全国人大代表的名额限定在3000人以内，这一规定延续至今。

3. 代表名额的分配

选举法规定，全国和地方各级人大代表候选人，按选区或者选举单位提名产生。代表名额的分配，是指将各级代表名额分配给各选区或者选举单位的方式。

全国人大代表名额的分配，由全国人大常委会根据各省、自治区、直辖市的人口数，按照每一代表所代表的城乡人口数相同的原则，以及保证各地区、各民族、各方面都有适当数量代表的要求进行分配。省、自治区、直辖市应选全国人大代表名额，由根据人口数计算确定的名额数、相同的地区基本名额数和其他应选名额数构成，由全国人大常委会确定。

延伸阅读：十四届全国人大代表和少数民族代表名额分配方案

根据 2022 年 4 月 20 日第十三届全国人大常委会第三十四次会议通过的《第十四届全国人民代表大会代表名额分配方案》和《第十四届全国人民代表大会少数民族代表名额分配方案》，第十四届全国人民代表大会代表的名额不超过 3000 人，其中名额最多的是河南省和广东省，均为 160 名，名额最少的是澳门特别行政区，为 12 名。少数民族代表名额为 360 名左右，其中最多的是壮族 44 名，佤族等 34 个少数民族均为 1 名。

地方各级人大代表名额，由本级人大常委会或者本级选举委员会根据本行政区域所辖的下一级各行政区域或者各选区的人口数，按照每一代表所代表的城乡人口数相同的原则，以及保证各地区、各民族、各方面都有适当数量代表的要求进行分配。对于直接选举，还要遵循选举法规定的每一选区选 1 名至 3 名代表的要求。

4. 选区划分与选民登记

直接选举是将本行政区域内的选民划分为若干个选区，根据各选区的人口数，将代表名额分配到各选区，由选民直接投票选举产生代表。因此，直接选举必须划分选区，并对各选区的合格选民进行登记，这是直接选举的基础性环节。

选区划分，可以按居住状况，也可以按生产单位、事业单位、工作单位进行。选区的大小，按照每一选区选 1 名至 3 名代表确定。实践中划分选区，会考虑以下四个因素：一是便于县乡同步进行换届选举工作，尽量使县级人大代表选区套若干乡级人大代表选区，这样可以共享选民登记信息，降低选举成本，方便选举的组织工作。二是便于选民了解代表候选人，便于选民参加选举活动。三是便于代表联系选民，接受选民监督。四是保持选区的相对稳定性。

选民登记，选民登记实质是对公民是否具有或者能够行使选举权的确认。选民登记率是衡量选举工作是否圆满成功的重要指标。这些年来，在总结选举工作经验的基础上，我国不断简化选民登记手续，采用一次登记、选民资格长期有效的办法，实行通常所说的“三增三减”，即：（1）每次选举前对上次选民登记以后新满 18 周岁的、被剥夺政治权利期满后恢复政治权利的选民，予以登记；（2）对选民经登记后迁出原选区的，列入新迁入的选区的选民名单；（3）对死亡的和依照法律被剥夺政治权利的人，从选民名单上除名。通过一系列措施，选民登记工作不断改进，有效防止了“错登、漏登、重登”现象。

延伸阅读：规模庞大的流动人口参加选举

目前中国有2亿多流动人口享有选举权。组织规模庞大的流动人口参选一直是换届选举工作的重点和难点。实践中，流动人口原则上在户籍所在地参加选举，各地结合实际情况，放宽流动人口特别是已经取得居住证的流动人口在现居住地参选的条件。对流动人口居住比较集中的地方，适情分配适当数量的流动人口代表名额。选民户口所在地的选举机构会为流动人口委托他人投票或为他们开具选民资格证明提供便利，可以通过信函或者其他形式为他们在现居住地参加选举开具单独或集体选民资格证明；现居住地的选举机构也可以主动联系确认选民资格。

5. 提名确定代表候选人

推荐、提名、确定代表候选人，是选举中一个十分重要的环节，对于把好人大代表“入口关”，调动选民参选的积极性，保证当选代表的素质具有十分重要的意义。在直接选举中，代表候选人的提名方式有两种：一是各政党、各人民团体联合或单独推荐代表候选人；二是选区选民10人以上联名推荐代表候选人。所推荐的代表候选人人数，不得超过本选区应选代表的名额。在以往的实践中，曾出现过代表候选人的数量比较多的情况，因此，确定代表候选人是避免选票过于分散、保证选举顺利进行的重要内容。候选人正式名单由参加选举的选民或者代表反复酝酿讨论、民主协商，在必要时对于不能形成较为一致意见的，可以举行预选，根据较多数选民或代表的意见，优中选优、好中选好，确定正式代表候选人名单。

金句

人民通过选举、投票行使权利和人民内部各方面在重大决策之前进行充分协商，尽可能就共同性问题取得一致意见，是中国社会主义民主的两种重要形式，共同构成了中国社会主义民主政治的制度特点和优势。[10]

人大代表选举就是贯穿选举民主和协商民主这两种重要民主形式的政治活动，是在实行协商基础上的选举，其中提名确定代表候选人具有浓厚的协商色彩，在提名代表候选人之前一般进行充分的协商，尽可能取得一致意见，集中体现了协商民主的特点和优势。

接受推荐的代表候选人不得拥有外国国籍或者接受境外资助。根据选举法和有关政策规定，接受推荐的代表候选人应当向选举委员会或者大会主席团如实提供个人身份、简历等基本情况。个人身份包括国籍、是否拥有海外永久居留权等。提供的基本情况不实的，选举委员会或者大会主席团应当向选民或者代表通报，以保证选民或代表了解真实情况。公民参加各级人大代表的选举，不得直接或者间接接受境外机构、组织、个人提供的与选举有关的任何形式的资助；违反规定的，不列入代表候选人名单；已经列入代表候选人名单的，应当从名单中除名；已经当选的，其当选无效。

关于代表候选人的介绍。我国人大代表选举不搞“竞选”，不搞“拉票”“拜票”等活动，在制度上设计了对代表候选人进行集体介绍的环节，并确保介绍全面、准确，解决“选民不知道选了谁”的问题。

10 习近平：《在中央人大工作会议上的讲话》（2021 年 10 月 13 日），《求是》2022 年第 5 期。

介绍代表候选人依法在选举委员会的统一组织下进行，采取推荐者介绍、选举委员会介绍、选举委员会组织代表候选人与选民见面等多种形式，让所有代表候选人展示自我，让选民充分了解候选人。2021 年启动的新轮县乡人大换届选举中，为增强见面活动实效，并考虑疫情防控工作的需要，见面活动在选举委员会的统一组织下，既可以召开选民会议、选民代表会议或选民小组会议，也可以视情通过网络视频等多种形式进行，充分保障选民知情权。

延伸阅读：昌平区采取多种方式介绍人大代表候选人

2021 年启动县乡人大换届选举工作以来，昌平区选举委员会从正式代表候选人公布之日起至选举日之前，在严格做好疫情防控的同时，通过现代媒体手段等多种方式做好代表候选人介绍工作，搭起了选民对候选人知名知人知情的平台，激发了广大选民参与民主选举的政治热情。在沙河镇白各庄新村小区，区、镇人大代表正式候选人积极投身到疫情防控工作中，为村民提供服务的同时，使选民们“见榜更见人”。崔村镇选举委员会将人大代表正式候选人介绍工作放在日常工作中，利用志愿者在疫情敲门行动中时，向选民介绍候选人基本情况。马池口镇选举委员会组织正式候选人分别按选区与各村两委干部见面，然后由村两委干部将正式候选人基本情况传达给村民代表，再由村民代表逐户传达给所负责的选民，避免人员大规模的聚集。[11]

11《昌平区采取多种方式介绍人大代表候选人》，来源于北京昌平网，https://baijiahao.baidu.com/s?id=1715463203971781476&wfr=spider&for=pc。

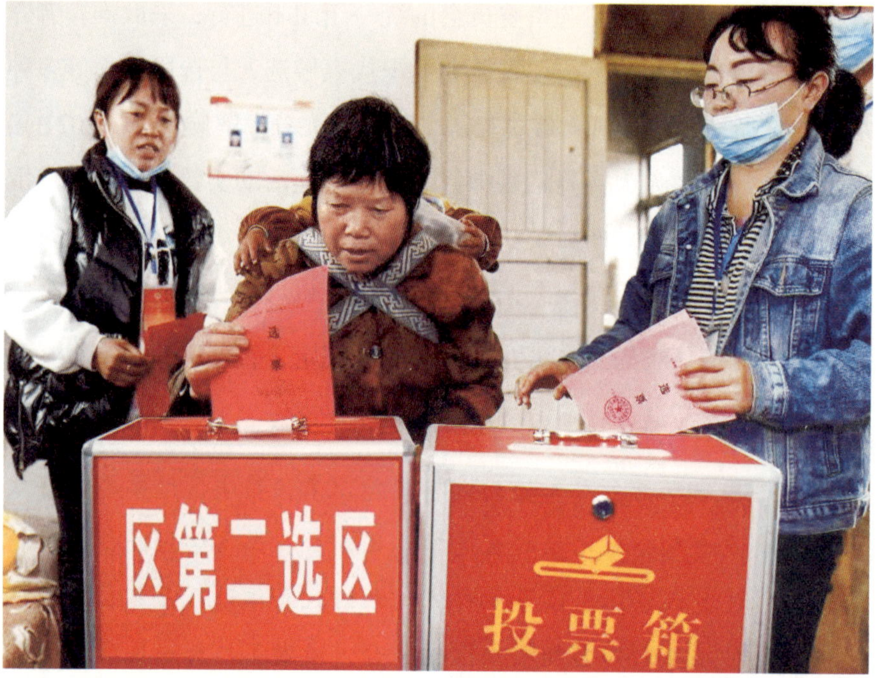

▲ 贵州安顺平坝区的区乡两级人大换届，流动票箱进入选民家中，选民在家中投票

6. 组织投票选举

我国县乡两级人大代表选举采用无记名投票的方法，凭身份证或者选民证领取选票。在直接选举中，选民投票的场所通常有以下几种：（1）投票站。根据各选区选民分布状况，按照方便选民投票的原则设立投票站，这是最主要的投票场所；（2）选举大会，选民居住比较集中的，可以召开选举大会进行选举，具体方式由选举委员会决定；（3）流动票箱，选民因患有疾病等原因行动不便，或者选民居住分散并且交通不便的选民，可在流动票箱投票。

延伸阅读：流动票箱便于群众投票

2021年7月7日是广西壮族自治区桂林市临桂区城区、乡两级人大代表选举日。为确保山区选民充分行使选举权，该区黄沙瑶族乡设置流动票箱16个。各选举工作组清晨出发，深入到自然村屯、田间地头组织选民投票。因为修路，该乡滩头村选区无法通行汽车，73岁的村支书陆家俊便手提流动票箱到选民家中组织投票。[12]

如何确定代表的当选呢？根据选举法规定，直接选举中实行“两个过半数”的当选规则，即：选区全体选民的过半数参加投票，选举有效；代表候选人获得过半数的选票，始得当选。在县级以上的地方各级人大选举上一级人大代表时，候选人获得全体代表过半数的选票始得当选。

人民当家作主，不是一个简单的口号，而是真正体现在制度安排和选举实践中。选民或代表在提出代表候选人和选举代表的环节，可以自由选择自己认为满意的和认为必要的人，充分行使其选举权。

7. 代表资格审查

代表资格审查是把好代表“入口关”的最后一个环节，目的就是要保证每位人大代表的产生符合法律规定和程序。无论是集中选出的人大代表还是补选的人大代表，都要进行资格审查。审查重任是由人大常委会代表资格审查委员会来承担。

代表资格审查委员会所审查的内容为“三个是否”：当选代表是否符合宪法、法律规定的代表的基本条件，选举是否符合法律规定的

12 《选出为人民办实事的好代表》，《中国人大》2021年第15期。

程序，以及是否存在破坏选举和其他当选无效的违法行为。然后提出代表当选是否有效的意见，报县级人大常委会、乡镇人大主席团确认，并在每届人民代表大会第一次会议前公布代表名单。在审查中，代表资格审查委员会应当认真受理对当选代表的举报，及时交有关方面调查处理。对不具备代表资格的，及时确定代表的当选无效，防范代表身份失真、信息造假、带病当选等情况发生。

延伸阅读：对全国人大代表资格进行审查的机构

全国人大常委会代表资格审查委员会，由主任委员、副主任委员和委员组成，其人选由委员长在常委会组成人员中提名，常委会会议通过。代表资格审查委员会的职责，就是审查新选出的下一届全国人大代表和补选的本届全国人大代表的资格是否有效，代表资格是否终止（包括辞职被接受、被罢免等情形）。

8. 对破坏选举行为的调查处理

人大代表选举中发生的拉票贿选等违纪违法行为，是对我国人民代表大会制度的挑战，是对社会主义民主政治的挑战，是对党纪国法的挑战，阻碍人民当家作主，破坏国家政权建设，触碰了我们党执政的底线。对于换届选举中的各类违法违纪行为，必须依法严惩，发现一起，查处一起，决不能姑息。党的十八大以来，党中央依纪依法严肃查处了湖南衡阳破坏选举案、辽宁拉票贿选案等，维护了人民代表大会制度的权威和尊严。

根据选举法规定，破坏选举的行为主要包括：以金钱或者其他财物贿赂选民或者代表，妨害选民和代表自由行使选举权和被选举权的；以暴力、威胁、欺骗或者其他非法手段妨害选民或者代表自由行使选举权和被选举权的；伪造选举文件、虚报选举票数或者有其他违法行为的；对于控告、检举选举中违法行为的人，或者对于提出要求罢免代表的人进行压制、报复的。对破坏选举的行为，违反治安管理的，依法给予治安管理处罚；构成犯罪的，依法追究刑事责任。国家工作人员有违反选举法行为的，还应当依法给予行政处分。以贿选手段当选的，其当选无效。

延伸阅读：湖南衡阳破坏选举案

2012 年 12 月 28 日至 2013 年 1 月 3 日，衡阳市召开十四届人大一次会议，从 93 名代表候选人中差额选举产生 76 名湖南省人大代表。会议期间，部分候选人为当选湖南省人大代表送钱拉票，造成对选举工作的严重破坏。经查：衡阳破坏选举案共有 56 名当选的湖南省人大代表存在送钱拉票行为，涉案金额达到 1.1 亿元人民币，有 518 名衡阳市人大代表收受钱物。根据案件事实和有关规定，涉案人员均受到严肃处理，对以贿赂手段当选的 56 名省人大代表依法确认当选无效并予以公告。对破坏选举案涉嫌违反党纪政纪已被立案调查的有 466 人，给予纪律处分 409 人，暂缓给予纪律处分的 57 人，39 人移送检察机关立案侦查。

（四）国家机关领导人员的选举和任免

各级人大及其常委会依法行使选举和决定任免权，是保证党组织推荐的人选成为国家机关领导人员、保证国家政权真正掌握在人民手中的重要职权。选举或者决定任免国家工作人员的规定主要集中在《宪法》和《全国人民代表大会组织法》《地方组织法》等法律之中。

1. 选举或决定任免

根据宪法法律规定，由全国人民代表大会选举产生的包括：中华人民共和国主席、副主席，全国人大常委会委员长、副委员长、秘书长、委员，中央军事委员会主席，国家监察委员会主任，最高人民法院院长，最高人民检察院检察长。

延伸阅读：习近平全票当选中华人民共和国主席

2018 年 3 月 17 日，十三届全国人大一次会议第五次全体会议在北京人民大会堂举行。这次会议将选举产生新一届中华人民共和国主席。9 时 23 分选举正式开始，监票人首先对设置在会场的 28 个电子票箱、电子选举系统进行检查。接着，工作人员开始分发选票。4 张不同颜色的选举票分发到每一位代表手中，分别用汉文和 7 种少数民族文字印制。9 时 41 分总监票人、监票人开始投票，之后代表们开始投票。投票结束后，总监票人报告了发出和收回选票的情况，选举有效。工作人员当即宣读计票结果，习近平全票当选中华人民共和国主席。2023 年 3 月，在十四届全国人大一次会议上，习近平同志再次全票当选国家主席。

由全国人民代表大会根据提名决定人选的情形包括：根据国家主席的提名，决定国务院总理的人选；根据国务院总理的提名，决定国务院副总理、国务委员、各部部长、各委员会主任、审计长、秘书长的人选；根据中央军事委员会主席的提名，决定中央军事委员会其他组成人员的人选。

在全国人民代表大会闭会期间，常委会可以依法行使决定任免权，包括：根据国务院总理的提名，决定部长、委员会主任、审计长、秘书长的人选；根据中央军事委员会主席的提名，决定中央军事委员会其他组成人员的人选；根据国家监察委员会主任的提请，任免国家监察委员会副主任、委员；根据最高人民法院院长的提请，任免最高人民法院副院长、审判员、审判委员会委员和军事法院院长；根据最高人民检察院检察长的提请，任免最高人民检察院副检察长、检察员、检察委员会委员和军事检察院检察长等。

地方各级人大及其常委会依法行使对本级国家机关领导人员的选举或者决定任命权。包括：县级以上地方各级人大选举本级人大常委会的组成人员，本级人民政府正副职领导人员，本级监察委员会主任、人民法院院长和人民检察院检察长等；乡镇人大选举本级人大主席、副主席，乡长、副乡长，镇长、副镇长等。县级以上地方各级人民代表大会闭会期间，其常委会决定本级人民政府副职的个别任命；根据本级人民政府正职领导人员的提名，决定本级人民政府秘书长、厅长、局长、委员会主任、科长的任命等。

选举时，候选人由本级人民代表大会主席团或者法定数额以上的代表联合提名；投票表决时对候选人有选择性，如果认为候选人不能胜任职务，或者有更好人选，还可以另选他人。决定任命不具有选择性，只是对被提名的人选表示同意、反对或弃权，不能另选他人。

2. 坚持党管干部原则和依法任免相结合

“为政之要，莫先于用人。”坚持党管干部原则，是坚持党的全面领导的重要内容，是人大进行任免工作的重要原则。人大依法行使选举或者决定任免权要坚持党管干部原则，充分发扬民主，严格依法办事，经过法定程序使党组织推荐的人选成为国家机关的领导人员。

从各地实践情况看，党组织推荐的人选经过法定程序没有当选的情况比较少见。一些人就认为，人大及其常委会行使选举和决定任免权，只不过是搞形式、走过场。这种误解是由于对我国选举制度不了解造成的。地方党组织推荐人选之前，都会提前对拟推荐人选进行层层考察，充分听取各方面意见建议，广泛凝聚共识，才依法向人大提出推荐人选。许多地方人大常委会在正式人选议案提交人大审议前，一般先与本级党委有关部门加强沟通，及时对接、全程跟进，做到了解人选“真摸底”，提出建议“真管用”，增强人大行使职权的严肃性和权威性。一些地方还制定出台了专门的规范性文件，进一步提升做好选举和决定任免工作的水平。

地方在选举、任命前，保证人大代表和常委会组成人员的知情权，规范被推荐人选与代表委员见面的程序；有的还采取任职资格审查、法律知识考试、经济责任审计、任前询问和述职、民意测评等方式，全面了解拟选举、任命人员的基本情况、素质能力和法律意识，真正做到面对面选举任命。

各地方在选举或者决定任免过程中，认真对待和研究人大代表、人大常委会组成人员对有关人选提出的意见，充分尊重和保障人大代表依法联名提出候选人的权利，对人大选举、表决结果给予充分尊重。

3. 强化任后监督

绝对的权力导致绝对的腐败。公权力姓公，也必须为公。加强对经人大选举和决定任命人员的履职监督，是各级人大及其常委会行使选举和任免权的一项重要内容。为了增强经选举和任命人员的公仆意识、法治意识、责任意识，很多地方在选举、任命时进行公开承诺、任职表态、宪法宣誓等活动，选举、任命后还采取述职评议、满意度测评、当面约谈等方式，真正把每个人的积极性、主动性、创造性激发出来，督促和推动经选举、任命人员恪尽职守、为民尽力。

延伸阅读：山西省阳泉市用好任免权监督“官位子”

2021 年，山西省阳泉市人大常委会组成人员投好信任、激励、责任“三票”，依法任免国家机关工作人员 280 人次。强化任后监督，对届内任命满一年的政府工作部门负责人和法检两院副职组织述职评议，开展满意度测评，实现全覆盖。通过述职评议，述出履职精气神，评出工作新动力，议出发展加速度。

人民公仆的权力是人民赋予的。人民有权通过人大选举或决定任命国家机关领导人员，而当这些经选举或者任命的国家公职人员辜负了人民信任，没有履行好法定职责，不能很好代表人民意志，甚至违法犯罪走向人民的对立面时，人大有权采取免职、撤职、罢免等形式免除他们的职务。唯有如此，才能让国家公职人员时刻牢记手中的权力是人民赋予的，只能为人民谋利益。

五、人大代表忠实代表人民的利益和意志

人大代表作为国家权力机关的组成人员，肩负人民赋予的光荣职责，发挥来自人民、扎根人民的特点优势，忠实代表人民利益和意志行使职权，密切同人民群众的联系，是党和国家联系人民群众的桥梁纽带。

金句

人民代表大会制度之所以具有强大生命力和显著优越性，关键在于深深植根于人民之中。[1]

（一）人大代表的性质和地位

人大代表肩负着人民的重托，代表人民的利益和意志，依照法律规定参加行使国家权力，在国家政治生活中发挥重要作用。支持代表依法履职，更好发挥代表作用，是人大工作保持生机活力的重要基础，是支持和保障人民当家作主的必然要求。

我国是工人阶级领导的、以工农联盟为基础的人民民主专政的社会主义国家，国家的一切权力属于人民，人民行使国家权力的机关是

---

1 习近平：《在中央人大工作会议上的讲话》（2021 年 10 月 13 日），《求是》2022 年第 5 期。

全国人民代表大会和地方各级人民代表大会。人大代表作为各级国家权力机关的组成人员，忠实代表人民利益和意志在人民代表大会这一根本政治制度平台上参加行使国家权力。

人大代表具有法定性。各级人大代表都是按照法律有关规定、经过严格法定程序选举产生的。代表的性质地位、享有的权利和需要履行的义务，是宪法和法律规定的，不经必要的法律程序，任何组织和个人都不得剥夺代表职务。根据《宪法》规定，《选举法》《代表法》《全国人大组织法》《地方组织法》等法律对代表选举产生、履职行权、监督管理等作出具体规定。

人大代表具有人民性。人大代表来自人民、代表人民、服务人民，由人民选举产生、对人民负责，人民与人大代表之间是一种委托与被委托、授权与被授权的关系。可以说，人大代表是代表人民管理国家事务，通过法定程序反映和集中人民的意愿，投出的每一张票，按的每一次表决器都代表着人民的利益和诉求。

延伸阅读：人大代表的人民底色

"人大代表是保障人民当家作主的先锋队和主力军"。全国人大代表、上海市长宁区虹桥萍聚工作室党支部书记朱国萍说，十多年前，她卸下居委会办公室的门，向居民公开手机号码，每天24小时开机，始终如一地坚持听接地气的百姓声音，做有底气的人大代表。朱国萍说，自己的履职方式很简单——多坐坐百姓的热板凳，多走走社区单位的各部门，多听听社会各界的小良策，让大家把最想说的话、最想办的事"吐露"出来，再以人大代表的身份把这些呼声期盼反映上去。

人大代表具有集体性。人大代表作为国家权力机关的组成人员，通过集体组成的全国人民代表大会和地方各级人民代表大会来统一行使国家权力，依照法定程序形成集体的决定或决议，人大代表个人无权单独行使国家权力，形成了集体有权、个人无权的行权模式。

人大代表具有平等性。人大代表来自人民群众，代表从事的本职工作有所不同，但法律地位都是平等的，从全国人大常委会委员长、副委员长、秘书长，到一线工人、农民等基层代表，在行使代表职权时都是平等的，投票表决时都是一人一票，且每一票的效力是相同的。

（二）人大代表的权利义务

根据《宪法》和《代表法》的有关规定，人大代表作为国家权力机关的组成人员，既享有与履职相适应的权利，也有需要履行的法定义务。根据法律规定，人大代表享有的权利主要有：出席本级人大会议，参加审议各项议案、报告和其他议题，发表意见；联名提出议案、质询案、罢免案等；提出对各方面工作的建议、批评和意见；参加本级人大的各项选举和表决；获得依法执行代表职务所需的信息和各项保障等。

根据法律规定，人大代表应当履行的义务主要有：模范遵守宪法和法律，保守国家秘密，协助宪法和法律的实施；按时出席本级人大会议，认真审议各项议案、报告和其他议题，发表意见，做好会议期间的各项工作；积极参加统一组织的视察、专题调研、执法检查等履职活动；加强履职学习和调查研究；与原选区选民或者原选举单位和人民群众保持密切联系，听取和反映他们的意见和要求；自觉遵守社会公德，廉洁自律，公道正派，勤勉尽责等。其实人大代表行使的权利和应履行的义务很多是相通的，比如出席本级人大会议，围绕议题审议发言，参加视察、专题调研、执法检查等活动，既是人大代表的权利，也是应履行的义务。

认真审议会议议题。人大代表积极参加包括大会全体会议、代表团全体会议、代表小组会议在内的各种会议的审议，围绕会议议题，遵守会议议事规则，给予评价并提出修改完善的意见建议，这是人大代表行使代表权利的重要体现。

延伸阅读：《政府工作报告》根据代表意见进行修改

2022 年 3 月，十三届全国人大五次会议期间，全国人大代表深入讨论《政府工作报告》，国务院有关部门通过视频连线、会议简报整理、热线电话、移动端小程序等多个渠道汇集代表意见建议，逐条认真研究，本着能采纳尽量采纳的原则，对《报告》共补充修改 92 处，涵盖了代表提出的大部分意见建议。报告修改情况报人大主席团后，对未在报告中直接采纳的意见，工作人员采取书面或电话方式，分别联系代表团和人大代表进行了沟通反馈，其中涉及具体工作的未直接采纳的意见建议，还转交相关部门进行深入研究。

依法参加投票表决。对列入大会议程的议案报告和选举决定事项等，人大代表有权通过投票或按表决器等方式进行表决，集体作出决定。会议表决议案、报告时，代表按照大会事先通过的表决办法，以认真负责的态度进行表决，可以投赞成票，可以投反对票，也可以弃权，在选举时还可以另选他人。

提出代表议案。大会期间提出代表议案，是人大代表的一项重要权利，也是执行代表职务的重要内容。按照《全国人大组织法》的规定，一个代表团或 30 名以上的代表，可以向全国人大提出属于全国人大职权范围内的议案。主席团决定是否列入大会议程，或将议案先交有关专门委员会审议并给出意见。从这几年各专门委员会审议结果看，不少议案涉及的立法项目已经审议通过或正在审议，也有不少项目已经列入立法规划、年度立法计划，迈出了立法工作的关键第一步。

◎ 十三届全国人大一至五次会议期间全国人大代表共提出议案2282件、建议42675件。

会　次	议案数量	建议数量
十三届全国人大一次会议	325	7139
十三届全国人大二次会议	491	8160
十三届全国人大三次会议	506	9180
十三届全国人大四次会议	473	8993
十三届全国人大五次会议	487	9203

提出代表建议。代表建议是指人大代表向本级人大或常委会提出的对各方面工作的建议、批评和意见。十三届全国人大一至五次会议期间，共收到代表建议42675件，每次大会闭幕后1个月内，全国人大常委会办公厅专门召开代表建议交办会，向各承办单位统一交办大会期间代表提出的建议。2005年以来，全国人大常委会办公厅每年都选取一批反映比较集中、涉及群众切身利益的建议，交由有关部门重点研究办理，并由全国人大有关专门委员会跟踪督办。2022年重点督办22项代表建议，主要涉及就业、教育、养老、环保等方面。在大会闭会期间，如参加列席常委会会议的代表座谈会、常委会组成人员联系人大代表过程中，代表也可以提出代表建议，全国人大常委会办公厅及时转交有关方面研究办理。

延伸阅读：代表议案和代表建议的区别

根据《全国人大组织法》《地方组织法》《代表法》的有关规定，代表的议案与建议有联系也有区别。一是提出的人数不同。代表提出议案需要符合法定资格或者法定人数，全国人大一个代表团或者三十名以上代表联名，可以提出议案；县级以上地方各级人大代表十人以上联名、乡级人大代表五人以上联名可以提出议案。代表建议则没有人数的限制，一个人或者几个人联名都可以提。二是提出的内容不同。代表议案内容必须是属于本级人大职权范围内的事项，代表建议的内容则是各方面的，实践中属于“一府一委两院”的内容更多一些。三是提出的要素不同。代表议案应当有案由、案据和方案，代表建议则没有这样严格的要求，只要写得明确具体，注重反映实际情况和问题、提出相应对策和建议即可。

（三）人大代表是党和国家联系人民群众的桥梁纽带

人大代表人民选，当选代表为人民。260多万各级人大代表来自人民，工作、生活在人民群众中间，把党和国家的声音传下去，把广大人民群众的呼声意愿收集反映上来，是党和国家联系人民群众的重要渠道，也是人民代表大会发挥独特制度功效的关键所在。

金句

要充分发挥来自人民、扎根人民的特点优势，密切同人民群众的联系，当好党和国家联系人民群众的桥梁，最大限度调动积极因素、化解消极因素，展现新时代人大代表的风采。[2]

2　习近平：《在中央人大工作会议上的讲话》（2021年10月13日），《求是》2022年第5期。

各级国家机关加强同人大代表的联系、加强同人民群众的联系，是实行人民代表大会制度的内在要求。各级人大常委会、政府、监察委员会、法院、检察院密切联系人大代表，充分听取代表意见建议，是各国家机关自觉接受监督、积极改进工作的重要体现，也是了解社情民意、回应群众关切的重要方式。

延伸阅读：人大常委会密切与人大代表的联系

近些年，从全国人大到地方各级人大都普遍建立了常委会联系人大代表的制度。以全国人大常委会为例，十三届全国人大常委会贯彻落实委员长会议组成人员联系全国人大代表的意见、常委会委员联系全国人大代表的意见，16位委员长会议组成人员直接联系92名全国人大代表，常委会委员直接联系400多名人大代表，这些代表大多为基层代表和一线工人、农民代表。坚持人大代表列席常委会会议制度，即使在疫情防控最为吃紧的时期，常委会也尽量创造条件邀请代表列席常委会会议，推动常委会联系代表工作走深走实。建立列席代表座谈机制，2018年8月栗战书委员长主持召开部分全国人大代表座谈会，列席十三届全国人大常委会五次会议的52名全国人大代表参加座谈，这在全国人大代表工作历史上是第一次，自此这项工作固定下来，形成一种全新的工作机制。各地人大也及时跟进推广，进一步丰富了常委会联系代表的渠道。

人大代表加强同人民群众的联系是人大代表的法定职责，也是人民代表大会制度发挥根本政治制度功效的关键环节。2016年全国人大常委会办公厅印发《关于完善人大代表联系人民群众制度的实施意见》，从6个方面就加强代表同人民群众的联系提出一系列新要求新举措，推动联系工作走深走实。近年来，全国各地建成并投入使用22万多个代表之家、代表联络站，各级人大代表积极进“家”入“站”倾听意见建议、密切联系人民群众，推动解决了不少人民群众关心关注的“急难愁盼”问题，成为身边群众的“贴心人”、成为党和国家与群众之间的“连心桥”。从代表依法行使的职权和应履行的义务中，代表联系人民群众的方式主要有以下几个方面。

通过参加代表小组活动联系人民群众。代表小组是代表在闭会期间执行代表职务的重要组织载体，也是开展代表联系人民群众的重要形式。《代表法》规定，代表在闭会期间的活动以集体活动为主，以代表小组活动为基本形式。代表小组活动的主题主要根据人大及其常委会中心工作，结合当地实际情况而确定，包括：学习宣传党中央重大决策部署，学习宣传宪法和法律，学习人大制度和人大工作知识，通过调研、视察、走访、代表接待日活动等密切与人民群众的联系，听取人民群众的意见建议。

延伸阅读：十三届全国人大代表小组情况

十三届全国人大33个选举单位（不含香港、澳门）共组建代表小组272个。其中20个选举单位根据代表工作地域划分代表小组，一般一个地市或相近地市的代表编为一个组；3个选举单位根据代表的专业领域或感兴趣的领域划分代表小组；5个选举单位采取混合编组。天津、海南、西藏等3个选举单位，所有代表编为一个代表小组。台湾省代表均参加工作所在地的全国人大代表小组。解放军和武警部队代表按工作单位划分代表小组。每个代表小组根据情况设立1至3名组长，共设立448名组长。

通过参加代表视察活动联系人民群众。代表视察是代表知情知政、联系群众的重要渠道。《代表法》明确规定，县级以上的各级人大代表根据本级人大常委会的安排，对本级或者下级国家机关和有关单位的工作进行视察，这就是通常所说的代表集中视察。代表集中视察时，可以约见有关国家机关负责人，被约见的负责人应认真听取代表的建议、批评和意见。《代表法》还规定，代表可以持代表证就地进行视察，这就是通常说的代表个人视察。需要说明的是，无论是代表集中视察还是个人视察，都是在常委会的联系安排下进行的，视察过程中都不直接处理具体问题。

通过开展代表调研活动联系人民群众。组织代表开展专题调研是2005年党中央作出的重大决策部署。2010年《代表法》修改时，总结代表专题调研的实践经验，将这一做法吸收为法律规定。实践中，各省级人大常委会受全国人大常委会委托，每年都会组织为期一周左右的全国人大代表专题调研活动，为人大代表了解人民群众呼声期盼、掌握有关工作情况、提出更高质量的议案建议提供重要保障。

延伸阅读：2021年全国人大代表开展专题调研和集中视察情况

2021年5月至10月，1600多名全国人大代表深入基层、深入实际，开展专题调研，广泛听取人民群众的意见，形成115篇调研报告。2021年底，组织代表开展集中视察，为代表参加十三届全国人大五次会议作准备。积极稳妥组织全国人大代表跨原选举单位行政区域进行考察。委托山东、河南、湖南、广西、重庆、四川、宁夏、新疆等省（区、市）开展代表跨行政区域考察活动。上海、江苏、浙江、安徽等省市的部分全国人大代表围绕“长江流域禁捕执法监管情况”等开展联合调研和视察。

（四）人大代表的履职保障

尊重人大代表的权利就是尊重人民的权利，保证人大代表依法履职就是保证人民当家作主。人大代表不受非法干涉，方便、有效地开展工作和活动，离不开必要的履职服务保障。为此，《宪法》和有关法律专门作出规定，对代表履行职责提供多项保障。

发言和表决免责。人大代表是人民委派到国家权力机关的使者，讨论和决定国家大事，除享有《宪法》规定的公民言论自由基本权利之外，还享有言论自由特殊保护权，也称言论免责权，即代表在代表机关中的言论和表决不受其他机关追究，为人大代表在会议上广开言路、大胆建言，不因执行代表职务受到打击报复提供了有力的法律保护，这也是世界各国的一项通例。

延伸阅读：人大代表言论和表决免责的有关规定

我国对人大代表言论和表决免责的规定，是社会主义民主法治建设发展的结果。1954 年《宪法》、1957 年《宪法》、1978 年《宪法》都没有代表言论和表决免责的规定。1982 年《宪法》总结建国以来的历史经验，确立了人大代表的言论和表决免责权，让人大代表没有后顾之忧地代表人民参与国家事务讨论和决策。1992 年制定的《代表法》再次明确这一要求。

人身自由受到特殊保护。人大代表的“人身特殊保护”，是针对保护公民的人身自由而言的。“特殊保护”主要表现在对人大代表进行拘留、逮捕、刑事审判，除要遵守一般的程序外，还要遵守一道特殊程序，就是要获得权力机关的许可。县级以上人大代表在会议期间非经本级人大主席团许可，闭会期间非经本级人大常委会许可，不得逮捕或者刑事审判。如因现行犯被拘留，执行拘留的机关应当立即报告。乡镇人大代表被采取限制人身自由措施的，执行机关应当立即报告。大会主席团或常委会应对此进行审查，视情况作出决定。

履职时间有特别保障。我国的人大代表都有自己的本职工作，人大代表要参加人民代表大会会议和有关会议，闭会期间要参加视察和专题调研等，这都需要占用一定的时间，很多是工作时间。为此《代表法》规定，人大代表在本级人代会闭会期间，参加由本级人大或者其常委会安排的代表活动，代表所在单位须给予时间保障。

履职有充分的物质保障。代表的活动属于政务活动，需要一定的物质条件作基础。《代表法》明确规定代表参加行使代表职权的，所在单位按正常出勤对待，享受工资和其他待遇。无固定工资收入的代表执行代表职务的，根据实际情况由本级财政给予适当补贴。

加强代表履职学习培训。事业发展没有止境，学习没有止境。人大代表参加履职学习培训，能够帮助代表尽快进入履职角色，熟悉人大工作常识，提高履职能力和水平。十三届全国人大以来，先后组织人大代表参加履职学习、专项学习，覆盖“脱贫攻坚与乡村振兴战略”“实施健康中国战略”“科技强国建设”“美丽中国建设”等主题。2020 年以来，受新冠肺炎疫情影响，全国人大和地方各级人大探索开展“线上 + 线下”双模式代表学习班，建设代表学习平台，丰富学习资源，取得了很好的学习成效。

延伸阅读：全国人大网络学院助力人大代表线上学习

全国人大网络学院自 2020 年 7 月 1 日上线以来，得到了全国人大常委会领导同志的高度重视和各方面大力支持，人大网院已成为全国人大代表和地方人大负责同志加强思想理论武装、提高履职能力素养的重要学习平台。2021 年，通过人大网院共举办 3 期网络专题学习班和 3 期线上线下相结合专题学习班，开设更新“常委会专题讲座”“代表履职基础知识和应用知识”“人大历史”“代表风采”“法律解读”等专栏。围绕常委会中心工作和代表依法履职需要不断充实各专题专栏课程，全年上传特色课程 53 门。截至 2021 年底，全国人大网络学院课程总点播量达到 139 万次，参学人员总学时达到 15.7 万，人均 27.9 学时；参加网络学习的全国人大代表有 2539 名，占代表总数的 86%，参加网络学习的地方人大负责同志有 3091 名，参学率达 96%。

加强代表思想政治建设。始终坚持正确政治方向是代表依法履职的前提和根本，不仅对提高代表依法履职能力和水平具有很强的针对性，同时对更好发挥人大作用，推动人大制度和人大工作完善发展也具有重大意义。加强思想政治作风建设，从根本上说，就是让人大代表充分认识到自己身上的责任，认识到“人大代表”这四个字的含义，认识到怎样才能成为一名让党放心，让人民满意的人大代表。

金句

人大代表肩负人民赋予的光荣职责，要忠实代表人民利益和意志，依法参加行使国家权力。要站稳政治立场，履行政治责任，加强思想、作风建设，模范遵守宪法法律，做政治上的明白人。[3]

3　习近平：《在中央人大工作会议上的讲话》（2021 年 10 月 13 日），《求是》2022 年第 5 期。

（五）对人大代表的监督

人民群众有权监督自己选出的代表，这是保障国家权力最终掌握在人民手中的重要措施，也是我国人民代表大会制度的一个特点、一大政治优势。代表履职需要自律也需要他律，关键是要加强对人大代表的履职监督，切实做到马克思当年谈到巴黎公社时所讲的：“代表必须严格遵守选民的确切训令，并且随时可以撤换。”

《代表法》单设专章规定对人大代表的监督，明确代表应当采取多种方式经常听取人民群众对代表履职的意见，回答原选区选民或者原选举单位对代表工作和代表活动的询问，接受监督。2022 年 3 月，十三届全国人大五次会议审议通过新修正的《地方组织法》，增加规定“地方各级人民代表大会代表应当向原选区选民或者原选举单位报告履职情况”。

延伸阅读：人大代表开展述职评议会

为进一步强化代表意识，履行代表职责，发挥代表作用，增进代表与选民之间的联系。2022 年 1 月 20 日下午，南金乡人大主席团召开乡人大代表述职评议会。南金乡党政主要领导出席会议，54 名选民代表参加述职评议。乡人大代表张勇、陈密花、李志华、张岳周、郭勇、周德毛、刘天喜分别向选民述职，接受选民询问，听取意见建议。述职完毕后，全体选民代表对述职的人大代表进行了满意度测评。

罢免代表是对代表监督的重要手段。《代表法》规定，选民或者选举单位有权依法罢免自己选出的代表。在何种情况下罢免代表，法律并没有规定。一般来说，只要代表失去了原选区选民或者原选举单位的信任，就可以被罢免。因此，罢免代表可以包括很多情况，既可以是代表有违法犯罪行为、违反纪律和道德行为或者本职工作严重失

▲ 湖南省益阳市安化县南金乡人大代表述职评议会现场

误、不称职，也可以是代表未能很好地履行代表职责，或者是其他原因不再适合当代表，应当辞去代表职务而没有辞去的，等等。

《代表法》还规定了暂时停止执行代表职务的两种情形和代表资格终止的七种情形，其中出现代表辞职这一情形的原因很多，包括违纪违法和履职能力、工作变动、健康等方面的情况，在类型上又区分因公辞职、自愿辞职或者引咎辞职、责令辞职等。

这些年来在地方人大工作实践中，探索出一些对代表监督的方式方法，取得了积极的效果。包括：实行当选代表宣誓制度，代表作出履职承诺；建立代表履职档案，对代表履职情况等进行登记，有的还予以公布；设立代表活动室、代表联络站、代表之家等场所，规定统一的代表活动日；要求代表每年以一定时间、一定方式主动加强与原选区选民或者原选举单位的直接联系，并作出量化规定，等等。

六、立法制度和立法工作

法律是治国之重器，良法是善治之前提。立法是为国家定规矩、为社会定方圆的神圣工作，是中国特色社会主义法治体系建设的“第一道工序”。在我国，从立法项目立项到法律草案起草，从评估论证到征求意见，从制定实施到备案审查，立法工作的每个环节都是推进全过程人民民主的生动实践，每一项法律制度都反映人民意愿、维护人民利益。

（一）统一而又分层次的立法体制

我国宪法规定，全国人大及其常委会行使国家立法权。其中，全国人大修改宪法，制定和修改刑事、民事、国家机构的和其他的基本法。全国人大常委会解释宪法，制定和修改除应当由全国人大制定的法律以外的其他法律，在全国人大闭会期间，对全国人大制定的法律进行部分补充和修改。实践中，大量的、经常性的立法工作是由全国人大常委会承担的，提请全国人民代表大会审议的法律案一般也都要先经过常委会审议。

《立法法》明确了全国人大及其常委会的专属立法权，列举了只能制定法律的 11 个方面事项。这些事项，如果尚没有制定法律，全国人大及其常委会可以授权国务院根据实际需要，对其中的部分事项先制定行政法规，但是犯罪和刑罚、对公民政治权利的剥夺和限制人身自由的强制措施和处罚、司法制度等事项，只能由法律规定。

延伸阅读：全国人大及其常委会的专属立法权

专属立法权，是指特定事项只能由法律作出规定。根据《立法法》规定，国家主权的事项，各级人民代表大会、人民政府、人民法院、人民检察院的产生、组织和职权，民族区域自治制度、特别行政区制度、基层群众自治制度，犯罪和刑罚，对公民政治权利的剥夺、限制人身自由的强制性措施和处罚，税种的设立、税率的确定和税收征收管理等税收基本制度，对非国有财产的征收、征用，民事基本制度，基本经济制度以及财政、海关、金融和外贸的基本制度，诉讼和仲裁制度等事项，只能制定法律。

除全国人大及其常委会以外，国务院制定行政法规，国家监察委员会制定监察法规，省级人大及其常委会、设区的市人大及其常委会可以制定地方性法规；国务院部门可以制定部门规章，省级和设区的市人民政府可以制定地方性政府规章。法律、行政法规、监察法规、地方性法规、规章都是我国法的形式，效力位阶各有不同。法律的效力高于行政法规、监察法规、地方性法规、规章；地方性法规的效力高于本级和下级地方政府规章。近年来，通过相关立法和决定，还明确海南省人大及其常委会可以就投资、贸易及相关管理活动制定海南自由贸易港法规，上海市人大及其常委会可以制定浦东新区法规。这种立法体制，有利于调动中央和地方两个积极性，防止和克服权力过分集中，符合我国国情和实际需要。

延伸阅读：赋予所有设区的市立法权

早在1956年，毛泽东同志就在《论十大关系》一文中肯定了地方立法的必要性，他指出："取消大区，各省直属中央，这是正确的。但是由此走到取消地方的必要的独立性，结果也不那么好。我们的宪法规定，立法权集中在中央。但是在不违背中央方针的条件下，按照情况和工作需要，地方可以搞章程、条例、办法，宪法没有约束。"[1]但是直到2000年《立法法》出台，行使地方立法权的最"基层"主体只是经济特区所在地的市和较大的市，各地对立法权力资源的需求不能充分满足，在某种程度上也遏制了地方的积极性和主动性。党的十八届三中、四中全会先后提出了"逐步增加有地方立法权的较大的市数量"，"明确地方立法权限和范围，依法赋予设区的市地方立法权"的改革目标任务。2015年3月15日，十二届全国人大三次会议对《立法法》作出修改，进一步完善地方立法权限和范围，赋予所有设区的市地方立法权。从此地方立法主体从不到100个增加到353个。2018年宪法修正案以根本法的形式确认了设区的市制定地方性法规的权力。2015年9月25日，《三亚市白鹭公园保护管理规定》成为新赋权的设区的市出台的第一件地方性法规。

2023年3月13日，十四届全国人大一次会议高票通过了《全国人民代表大会关于修改〈中华人民共和国立法法〉的决定》，这是2000年制定立法法以来的第二次修改。此次修改贯彻落实了党的二十大精神、中央人大工作会议精神和党中央决策部署，总结了新时代立法工作的新成果新经验，完善了立法的指导思想和原则，健全了宪法

1 毛泽东：《论十大关系》（下册），人民出版社1986年版，第730-731页。

实施监督制度，完善了立法权限、立法程序和备案审查制度。

第一，突出党对立法工作的全面领导，与时俱进完善立法的指导思想和原则。修改后的立法法贯彻落实党的二十大精神和宪法规定，充分体现新时代党的重大理论创新成果。一是明确“立法应当坚持中国共产党的领导，坚持以马克思列宁主义、毛泽东思想、邓小平理论、‘三个代表’重要思想、科学发展观、习近平新时代中国特色社会主义思想为指导，推进中国特色社会主义法治体系建设，保障在法治轨道上全面建设社会主义现代化国家”。“立法应当坚持以经济建设为中心，坚持改革开放，贯彻新发展理念，保障以中国式现代化全面推进中华民族伟大复兴。”立法的指导思想更加全面。二是完善依法立法原则，明确立法应当符合宪法的规定、原则和精神。三是完善民主立法原则，明确立法应当坚持和发展全过程人民民主，尊重和保障人权，保障和促进社会公平正义。四是明确立法应当倡导和弘扬社会主义核心价值观。五是明确立法应当坚持在法治下推进改革和在改革中完善法治相统一的原则。

第二，加强宪法实施和监督，明确合宪性审查要求，完善备案审查制度。合宪性审查工作是新形势下加强宪法实施和监督的重要举措。修改后的立法法明确法律案起草和审议过程中、备案审查工作中的合宪性审查要求，确保每一部法律、每一项制度、每一条规定都符合宪法的规定、原则和精神。备案审查是维护国家法治统一的一项重要制度。修改后的立法法将近年来备案审查工作的创新经验和有益做法以法律形式固定下来，完善主动审查制度，明确专项审查制度、备案审查衔接联动机制、法律法规清理制度，有利于推动备案审查工作更加规范化、制度化。

第三，坚持重大改革于法有据，完善立法决策与改革决策相衔接、相统一的制度机制。

党的十八大以来，全国人大常委会作出48项授权决定和改革决定，保障在法治轨道上推进改革。修改后的立法法对有关授权决定的规定进行补充完善，拓展了暂时调整或者暂时停止适用法律的部分规定的领域和范围，并规定了授权到期后的处理方式，将实践中成熟的经验和做法上升为法律规定。同时，完善全国人大及其常委会专属立法权规定，将只能制定法律事项中的“仲裁制度”修改为“仲裁基本制度”，为地方探索国际商事仲裁制度改革留出空间。

总结实践经验，完善立法体制机制。总结新时代立法工作的新成果新经验，修改后的立法法完善了立法体制机制，一是将国家监察委员会制定监察法规、上海市人大及其常委会制定浦东新区法规、海南省人大及其常委会制定海南自由贸易港法规纳入立法法予以规范。二是扩大设区的市立法权限范围，扩大部门规章制定主体。三是贯彻国家区域协调发展战略，增加区域协同立法有关规定。四是明确基层立法联系点的法律地位和作用，更好推动立法践行全过程人民民主，增加开展立法宣传有关规定，扩大立法公开。五是适应新时代新要求，明确立法技术规范、紧急立法程序，完善法律案的终止审议程序、法律解释制度，丰富立法形式，增加立改废释纂和决定等内容。

（二）法律的制定程序

一部法律的出台，要经过立项、调研、起草、评估、审议、公布等多个环节，每个环节都涉及大量的工作。

立什么、如何立、何时立，是立法工作的第一步。彭真同志在六届人大一次会议上提出，“我们要根据实际的需要和可能，有计划有步骤地进行立法工作，做到既积极又谨慎，以保持法律的严肃性和稳定性。”[2] 实践中，立法工作都是有计划、有重点、有步骤地开展。全国人大及其常委会一般于每届之初编制立法规划、每年年初制定年度立法工作计划，对立法工作作出统筹安排，增强计划性、针对性、指导性。同时，根据实际需要，可以适时调整立法规划和计划。编制立法规划、制定立法计划的过程，也是一个发扬民主、科学决策的过程。全国人大常委会通过召开座谈会和书面发函等多种方式，广泛征集立法项目建议，深入研究代表议案建议涉及的立法项目，保证立法工作的“施工图”“任务表”适应经济社会发展新形势、人民群众新期待。十三届全国人大常委会立法规划中，一类项目有 69 件，二类项目有 47 件。全国人大常委会及时召开立法工作会议、全国地方立法工作座谈会，对落实立法规划、做好新时代立法工作作出安排部署。

延伸阅读：立法规划、立法工作计划的演进发展

七届全国人大常委会加强了立法工作的计划性，从届中开始编制立法规划，1991 年出台的《全国人民代表大会常务委员会立法规划（1991 年 10 月—1993 年 3 月）》，是第一个以“立法规划”命名的立法工作部署文件。八届全国人大以来，每届任期第一年都编制本届常委会立法规划。截至目前，全国人大常委会已编制 7 个立法规划。1993 年出台的《关于今明两年立法工作的安排意见》，是全国人大常委会制定的第一个关于立法工作的计划。自 1995 年起全国人大常委会每年制定年度工作要点，对立法工作作出安排。自九届全国人大常委会开

2　彭真：《在中华人民共和国第六届全国人民代表大会第一次会议上的讲话》，《人民日报》1983 年 6 月 22 日。

始，单独制定年度审议法律案计划，后来更名为年度立法工作计划。

法律草案的起草，一定程度上决定着法律的质量和立法的效率。过去较长一段实践，大部分法律草案都由行政部门负责起草，这就不可避免出现“借法扩权”的部门利益博弈现象。为了更好发挥立法机关在表达、平衡、调整社会利益方面的重要作用，有效防止和克服立法中的部门利益倾向，近年来，人大牵头起草的法律草案占比有所增多。2015 年修改《立法法》时明确规定，综合性、全局性、基础性的重要法律草案，可以由全国人大有关的专门委员会或者常委会工作机构起草。对于政府有关部门、有关方面负责起草的法律草案，人大有关专门委员会或者工作机构也主动提前参与，了解立法进展情况，做好审议准备。十三届全国人大及其常委会审议和通过的法律中，近一半由专门委员会和工作委员会牵头起草。

◎ 七届全国人大以来由全国人大有关机构组织起草或提请审议法律草案情况统计表

届　别	制定和修改法律总数（件次）	全国人大有关机构起草或提请审议数量（件次）	占比（%）
七届全国人大常委会	49	7	14.3
八届全国人大常委会	78	17	21.8
九届全国人大常委会	75	27	36.0
十届全国人大常委会	72	30	41.7
十一届全国人大常委会	65	32	49.2
十二届全国人大常委会	72	24	33.3
十三届全国人大以来	158	91	57.6

审议法律案是立法程序中最重要的环节。全国人大常委会审议法律案，一般实行“三审制”，各方面意见比较一致的，可以经两次常委会审议后交付表决；调整事项比较单一或者部分修改的法律案，各方面的意见比较一致的，也可以经一次常委会会议审议即交付表决。实践中，有不少法律案审议次数超过 3 次，比如物权法草案历经 5 年 8 次审议，劳动合同法草案历经 5 年 5 次审议，食品安全法、监督法、社会保险法、国家赔偿法、侵权责任法、基本医疗卫生与健康促进法等法律案都审议了 4 次。

延伸阅读：法律草案“三审制”的由来

1998 年 4 月 29 日，时任全国人大常委会委员长李鹏在九届全国人大常委会第二次会议闭幕会上的讲话中对此作了说明：“一些委员反映，审议法律草案缺乏充裕的时间。有些法律案第一次会议听取说明，还来不及消化，就开始审议，第二次会议就要通过，显得有些仓促，影响立法质量。委员长会议讨论了大家的意见，决定今后审议法律草案一般要实行三审制：一审，听取提案人对法律草案的说明，进行初步审议；二审，在经过两个月或者更长的时间，委员们对法律草案进行充分的调查研究后，围绕法律草案的重点、难点和分歧意见，进行深入审议；三审，在专门委员会根据委员们的审议意见对法律草案进行修改并提出审议结果报告的基础上再作审议，如果意见不大，即付表决。实行三审制可以使审议工作做得更充分一些，有利于提高立法的质量和效率。”

发挥审议把关作用是人大主导立法的一个重要体现。不管是人大专门委员会、常委会工作委员会直接组织起草的法律案，还是其他方面起草的法律案，人大都认真审议，确保立法经得起实践、人民、历史的检验。从实践看，人大根据客观实际、审议意见和征求意见情况，对草案内容进行修改，有时甚至是较大幅度的修改。比如，2012年制定的特种设备安全法，草案初审时只有65条，经过审议后作了大幅补充完善，最后通过的法律条文增加到101条，可以说是“脱胎换骨”。

（三）以良法促进发展、保障善治

“立善法于天下，则天下治；立善法于一国，则一国治。”[3]新中国成立70多年，特别是改革开放40多年以来，我国立法工作走过了极不平凡的历史进程，取得了举世瞩目的成绩，为创造世所罕见的经济快速发展奇迹和社会长期稳定奇迹提供了法治支撑和保障。

人心思法。改革开放之初，法治建设刚刚起步，迫切需要在尽可能短的时间内解决有法可依的问题。邓小平同志提出：“现在的问题是法律很不完备，很多法律还没有制定出来。所以，应该集中力量制定刑法、民法、诉讼法和其他必要的法律。”[4]按照“有比没有好，快搞比慢搞好”的要求，1979年，五届全国人大二次会议修改了宪法，制定了《刑法》《刑诉法》《选举法》《地方组织法》《人民法院组织法》《人民检察院组织法》《中外合资经营企业法》等7部法律，拉开了新时期立法工作的序幕。邓小平同志感叹：“全国人民都看到了严格实行社会主义法制的希望。这不是一件小

3 王安石：《周公论》。

4 《邓小平文选》（第二卷），人民出版社1994年版，第146页。

事情啊！”[5]

▲ 2011 年 3 月 10 日，十一届全国人大四次会议举行“中国特色社会主义法律体系的形成和完善”记者会。（来源：中国人大网）

中国特色社会主义法律体系的形成，是我国立法史上的“大事件”。从 1982 年 12 月全国人大常委会工作报告首次提出“立法要从我国的实际出发，按照社会主义法制原则，逐步建立有中国特色的独立法律体系”，到国民经济和社会发展“七五”计划提出“建立起比较完备的经济法规体系”；从 1993 年党的十四届三中全会提出“初步形成社会主义市场经济法律体系”，到党的十五大明确提出“形成有中国特色社会主义法律体系”。经过各方面共同努力，2011 年中国特色社会主义法律体系如期形成。

延伸阅读：中国特色社会主义法律体系如期形成

2011 年 3 月 10 日，十一届全国人大四次会议上，时任全国人大常委会委员长吴邦国庄严宣布，一个立足中国国情和实际、适应改革开放和社会主义现代化建设需要、集中体现党和人民意志的，以宪法为统帅，以宪法相关法、民商法、行政法、经济法等多个法律部门的法律为主干，由法律、行政法规、地方性法规与自治条例、单行条例等三个层次的法律规范构成的中国特色社会主义法律体系已经形成。这是我国社会主义民主法治建设史上一个重要里程碑。

5 《邓小平文选》（第二卷），人民出版社 1994 年版，第 243 页。

“时代在进步，实践在发展，不断对法律体系建设提出新需求，法律体系必须与时俱进加以完善”[6]。党的十八大以来，党和国家事业发生历史性变革，立法工作适应经济社会发展需要，呈现出覆盖广、数量多、节奏快、要求高的新特点，国家安全、生态环保、卫生健康等重要领域立法取得显著进展，法律的系统性、整体性、协同性进一步增强。

安全是发展的前提，安全离不开法治保障。党的十八大以来，中国共产党提出总体国家安全观，强调全面维护各领域国家安全，对加强国家安全工作作出了重要部署，建立了集中统一、权威高效的国家安全领导体制。1993 年公布施行的《国家安全法》，主要规定的是国家安全机关履行的职责特别是反间谍工作方面的职责，范围过窄，难以适应全面维护各领域国家安全的需要。2014 年，全国人大常委会将这一法律修订后改名为《反间谍法》，并在此基础上制定了新的《国家安全法》，这部法律作为一部立足全局、统领国家安全各领域工作的综合性法律，为制定其他有关维护国家安全的法律提供了基础支撑。全国人大常委会还先后制定修改了《反恐怖主义法》《网络安全法》《国防交通法》《深海海底区域资源勘探开发法》《国防法》《海警法》《陆地国界法》《生物安全法》《数据安全法》等一系列安全领域法律，筑起维护国家安全的法律长城。

民法被称为社会生活的百科全书，是公民民事权利的宣言书和保障书。编纂一部真正属于中国人民的民法典，是新中国几代人的夙愿。

6　习近平：《在中央人大工作会议上的讲话》（2021 年 10 月 13 日），《求是》2022 年第 5 期。

▲ 2020 年 5 月 28 日，十三届全国人大三次会议民法典草案表决现场。（来源：中国人大杂志）

从 1986 年通过《民法通则》，到《合同法》《物权法》《农村土地承包法》《侵权责任法》相继出台，再到 2017 年制定《民法总则》，这些都为《民法典》编纂打下坚实基础。2020 年 5 月 28 日，经过反复修改、精雕细琢，十三届全国人大三次会议审议通过了《民法典》，这是新中国成立以来第一部以“法典”命名的法律，是新时代我国社会主义法治建设的重大成果，具有鲜明的中国特色、实践特色、时代特色。

延伸阅读：民法典诞生记

新中国成立后，党和国家先后 5 次启动民法制定工作。第一次启动是 1954 年，经过两年多努力形成了《民法草案》，但由于政治运动，立法工作被迫中断。1962 年，毛泽东同志针对法律虚无主义思潮，提出：“刑法需要制定，民法也需要制定，没有法律不行，现在是无法无天”[7]。在这个背景下，开始了第二次民法起草工作，并于1964年7月形成《民法草案（试拟稿）》，但后来再次中断。1978年，邓小平同志提出：“应该集中力量制定刑法、民法、诉讼法和其他各种必要的法律”[8]。1979年11月，第三次民法典起草工作启动。至1982年6月，形成了《民法草案（第四稿）》。当时认为，由于一次通过的难度大，可以对其中的各编视情况继续审议制定。于是，民事立法采取“批发转零售”方式进行。2001年，九届全国人大常委会启动第四次《民法典》编纂工作，组织起草了《民法（草案）》，并于2002年12月进行了一次审议。经讨论和研究，仍确定继续采取分别制定单行法的办法，推进我国民事法律制度建设。《物权法》《侵权责任法》《涉外民事关系法律适用法》都是在这个基础上制定的。随着我国社会主义现代化事业不断发展和全面依法治国深入推进，人民群众对编纂和出台《民法典》寄予很大的期盼。2014年，党的十八届四中全会明确提出《民法典》这一重大立法任务。在各方面共同努力下，经过5年多工作，《民法典》终于颁布实施。

惩治犯罪、保护人民是《刑法》的立法宗旨。目前，我国已制定《刑法》、11个刑法修正案以及关于惩治骗购外汇、逃汇和非法买卖外汇犯罪的决定，并通过了13个有关《刑法》规定的法律解释。《刑法》确立了罪刑法定、刑法面前人人平等、罪责刑相适应等基本原则。罪刑法定原则，即法律明文规定为犯罪行为的，依照法律定罪处刑；

---

7 《毛泽东年谱》（一九四九——一九七六）第五卷，中央文献出版社2013年版，第94页。

8 《邓小平文选》（第二卷），人民出版社1994年版，第146页。

法律没有明文规定为犯罪行为的，不得定罪处刑。刑法面前人人平等原则，即对任何人犯罪，在适用法律上一律平等，不允许任何人有超越法律的特权。罪责刑相适应原则，即刑罚的轻重，应当与犯罪分子所犯罪行和承担的刑事责任相适应。慎刑、恤刑，尊重和保障人权，是刑事立法的重要理念。2011 年《刑法修正案（八）》正式启动了我国逐步减少死刑罪名的进程，取消了 13 个经济性非暴力犯罪的死刑，完善了对未成年人和年满 75 周岁的老年人不适用死刑等从宽处理的法律规定。2015 年《刑法修正案（九）》进一步取消了 9 个罪名的死刑。通过两次减少死刑，我国刑法死刑罪名减少了约 1/3。目前，除贪污、受贿罪外，我国对经济性非暴力犯罪基本上不再保留死刑，死刑罪名基本上与国家安全、公共安全、人民生命安全相关。

《刑事诉讼法》是解决通过什么样的方式、程序、时限查清犯罪事实和判处刑罚的法律。惩治犯罪与保障人权相结合，是《刑事诉讼法》的突出特点。现行《刑事诉讼法》制定于 1979 年，之后经过 1996 年、2012 年、2018 年三次修改。历次修改，保障人权的规定都不断完善、发展、丰富。《刑事诉讼法》将"尊重和保障人权，保护公民的人身权利、财产权利、民主权利和其他权利"作为该法的任务；明确规定"对于一切公民，在适用法律上一律平等""被告人有权获得辩护，人民法院有义务保证被告人获得辩护""未经人民法院依法判决，对任何人都不得确定有罪"。从认罪认罚从宽处理，严禁刑讯逼供和非法证据排除规则等制度不难看出，《刑事诉讼法》的发展完善是为了让公权力在阳光下运行，保障无罪的人不受刑事追究，防止冤假错案发生。

▲ 十三届全国人大常委会第二十四次会议通过《长江保护法》，开启了特定流域立法先河。图为 2022 年 6 月，武汉长江江滩沿岸。
（来源：中国人大杂志）

生态环境是最普惠的民生福祉，也是人民群众关心关切的现实问题。立法就是要解决人民群众反映强烈的大气、水、土壤等环境突出问题。这些年来，经过各方面共同努力，生态环保立法实现了从量到质的全面提升，逐步建立了我国生态环境保护制度的“四梁八柱”。十三届全国人大一次会议通过的宪法修正案，将生态文明写入宪法，为完善生态环保法律体系提供了宪法指引。近年来，全国人大常委会先后制定《土壤污染防治法》《生物安全法》《长江保护法》《湿地保护法》《噪声污染环境防治法》等法律，完善环境保护、污染防治、资源保护利用等方面法律制度。2018 年到 2021 年先后开展了生态环保领域地方性法规集中清理，有力保障了生态文明建设、维护了国家法治统一。为推动法律全面有效实施，十三届全国人大常委会连续5年开展环保法律执法检查，逐条对照法律规定，解决法律实施中的突出问题。

用法治力量维护人民群众的生命安全和身体健康，解决人民群众所急所需所盼，是立法机关义不容辞的责任。2018年7月，吉林长春长生公司问题疫苗案件震惊全国，激起了全社会对疫苗安全的高度关注，也引发了社会对疫苗乃至整个药品监管体制的忧虑。2019年6月29日，全国人大常委会在不到一年里，即审议通过了《疫苗管理法》。这部法律从2018年10月开始起草、12月进行一审，2019年4月进行二审、6月通过，创造了立法的“特快”速度。从标准最严谨到监管最严格，从处罚最严厉到问责最严肃，《疫苗管理法》建立了全过程、全方位疫苗监管体制，为坚决守住公共安全底线、维护人民生命安全和身体健康提供了有力法律武器。2020年，根据公共卫生领域的新情况新问题，全国人大常委会制定了强化公共卫生法治保障立法修法工作计划，统筹推进30部法律的制定和修改工作。这是全国人大常委会历史上首个专项立法修法工作计划，再一次彰显了守护人民生命安全和身体健康的法治力量。

实践发展永无止境，立法工作不断面临新的形势和任务。当前，数字经济、互联网金融、人工智能、大数据、云计算、网上购物等新技术新业态新模式，存在无法可依的问题，疫情防控、网络犯罪、“长臂管辖”等新的风险挑战，也亟须通过立法予以应对。在中央人大工作会议上，习近平总书记明确提出，要加强重点领域、新兴领域、涉外领域立法，健全国家治理急需、满足人民日益增长的美好生活需要必备的法律制度，这是我们未来一个时期立法的目标和方向。

(四) 推进科学立法、民主立法、依法立法

新时代立法工作的重心已经从解决“无法可依”的数量问题转向解决“良法善治”的质量问题。正如习近平总书记深刻指出，人民群众对立法的期盼，已经不是有没有，而是好不好、管用不管用、能不能解决实际问题；不是什么法都能治国，不是什么法都能治好国，越是强调法治，越是要提高立法质量。提高立法质量是新时代对立法工作提出的新要求，推进科学立法、民主立法、依法立法是提高立法质量的根本途径。

金句

推进科学立法、民主立法、依法立法，统筹立改废释纂，增强立法系统性、整体性、协同性、时效性。[9]

“观时而立法，因事而制礼。”立法首先应从实际出发，充分尊重并准确反映客观规律。这些年来，全国人大常委会不断完善立法调研、座谈、论证、评估等工作机制，先后出台了关于立法项目征集论证、立法重大利益调整论证咨询、重要立法事项引入第三方评估、立法专家顾问等方面工作规范，创新多种“一竿子插到底”的调研方式，为科学立法提供解决方案。这些创新举措，多层次、全方位、多渠道调查了解实际情况，充分论证法律所要规范调整的社会关系，确保权利与责任得到科学合理地规范，使立法工作更加科学严缜，更好适应经济社会发展需要。

---

9 习近平：《高举中国特色社会主义伟大旗帜 为全面建设社会主义现代化国家而团结奋斗——在中国共产党第二十次全国代表大会上的报告》，人民出版社 2022 年版，第 41 页。

延伸阅读：全国人大常委会举行历史上首次立法听证会

2005 年 9 月 27 日，来自不同行业、收入水平各异、带着各地口音的 20 名代表会聚北京，争相发表自己对个人所得税工薪所得减除费用标准问题的意见。这是全国人大历史上首次举行立法听证会。其中多数人主张，对 1500 元的减除费用标准再作适当提高，更有利于满足一部分实际负担较重的中低工薪收入者本人及其抚养人口的基本生活需要，更好地解决对这部分人的基本生活费用税前扣除不足问题；也可以更好地与改革发展和物价变动引起的基本生活费用增长趋势相适应。在全国人大常委会会议审议《个人所得税法修正案（草案）》时，听证报告作为会议参阅资料印发给了所有常委会组成人员。经审议通过的个人所得税法修改决定，将草案规定的工资、薪金所得每月 1500 元的减除费用标准提高为 1600 元。这次听证会被媒体誉为“个税改革一小步，民主进程一大步”。

法律出台前评估是保证法律立得住、行得通、真管用的又一道“安全阀”。在法律出台前夕，立法机关邀请各方代表人士就法律条文的可行性、法律出台的时机、可能产生的社会影响、实施中可能出现的问题等进行评估。受邀参加评估的人员，先前都没有接触过法律草案，避免了先入为主，能够客观地作出评估，保证出台的法律符合实际，具有可执行性和可操作性。这项制度始于十二届全国人大常委会之初。2013 年 4 月，在《旅游法（草案）》即将进入表决程序时，全国人大常委会法制工作委员会从旅游管理部门、旅行社、旅游法学者和普通游客中挑选、邀请了 10 名代表，召开了首次法律案通过前评估会。此后，又有多件法律案出台前开展了评估，这一制度也载入了《立法法》。

▲ 2005 年 9 月 27 日，全国人大常委会在北京举行个人所得税工薪所得减除费用标准听证会。
（来源：新华社）

丰富立法形式是立法向精细化发展的一个重要标志。习近平总书记指出，可以搞一些‘大块头’，也要搞一些‘小快灵’，增强法律的针对性、适用性和可操作性。最典型的“大块头”就是民法典，这部法律共有 7 编、1260 条，立法结构完整、调整内容广泛，被称为“社会生活的百科全书”。这几年，“小快灵”“小切口”立法逐渐成为一道亮丽风景。比如，2021 年 4 月通过的《反食品浪费法》，全文只有 32 条，不设章节，条条“干货”，产生了很好的社会效果。新出台的《反电信网络诈骗法》《黑土地保护法》，针对现实问题，量体裁衣，直奔主题，切口精准，务实管用。地方立法更是善于通过“小切口”解决实际问题，比如山西的禁止野外用火决定、内蒙古的额济纳胡杨林保护条例、贵州的长征国家文化公园条例等，既切准了特色，也切实了举措。

阅读延伸：什么是立改废释纂

立改废释纂是立法的几种形式。立，就是制定新的法律。改，就是对已有的法律进行修改完善，其中全面修改叫做修订，部分修改一般通过关于修改法律的决定，针对同类问题统筹修改多部法律的，被形象地称为“打包”修改或“一揽子”修改，近年多用于涉及改革的法律。废，就是废止不适应经济社会发展要求的规定、条文。比如适应新时代社会治理的要求，废止有关劳动教养、收容教育等法律规定和制度。释，就是对法律进行解释，进一步明确法律条文规定的含义、适用情形、范围等。纂，是对某一领域相互关联的法律进行整合、修改、补充，使之形成一个有机整体，比如编纂民法典。近年来的立法

▲ 反食品浪费法出台，节约之风吹拂人民日常生活。图为成都一家火锅店的工作人员为顾客打包。（来源：新华社）

工作中，这几种立法形式都得到了有效运用，推动中国特色社会主义法律体系不断完善发展。

法律草案公开征求意见，是最便捷、最广泛的民主立法机制，它使得人人都能够直接参与立法。新中国成立后，首个向社会公布征求意见的法律草案是宪法草案。经过60多年的发展，法律草案征求意见逐步从一项重要工作方法发展为法律规定的重要制度。现行法律规定，全国人大常委会审议的法律案、准备提请全国人大审议的法律案，一般在常委会会议后将法律草案及说明等向社会公布征求意见，时间一般不少于30日。全国人大常委会将中国人大网作为法律草案征求意见的常态化平台载体，对一些关系群众切身利益、社会普遍关注的法律草案，通过主要新闻和网络媒体予以全文公布。社会公众提出的立法建议得到立法机关的高度重视，在法律草案审议修改过程中被认真研究、充分吸收。全国人大宪法法律委在提请常委会审议的法律草案修改情况的汇报中，对征求意见情况和采纳情况予以说明。2019年设立法工委发言人后，每次发言人例行记者会都集中反馈法律草案向社会公众征求意见情况。对群众反映比较集中又不能采纳的立法建议，通过网络访谈、解读文章、召开座谈会等多种方式，与群众进行反馈沟通。

延伸阅读："数"说法律草案征求意见

自2008年法律草案普遍向社会公布征求意见至2022年3月底，共有257件次法律草案通过中国人大网向社会征求意见，参与人次150多万，提出意见近530万条。一些事关人民群众切身利益的重要法律草案，收到的意见建议都数以万计。比如，民法典编纂过程中，先后10次向社会公开征求意见，共收到42.5万人提出的102余万条意见。2006年，《劳动合同法（草案）》征求意见一个月，就收到各方面提出的意见19.2万条，其中65%来自基层劳动者。2012年，《劳动合同法修正案（草案）》公开征求意见，共有13万多人提出55.7万条意见。这些年来，征求意见超过10万条的法律草案还有：《个人所得税法修正案（草案）》13.1万条（2018年），《刑法修正案（九）（草案二审稿）》11万条（2015年），《预算法修正案（草案二审稿）》33.1万条（2012年），《资产评估法（草案）》15.6万条（2012年），《个人所得税法修正案（草案）》23.8万条（2011年）。

基层立法联系点是反映民情、倾听民意、汇聚民智的“直通车”。全国人大常委会发挥基层立法联系点作用，使国家立法成为百姓积极参与的“身边事”，人民群众“原汁原味”“方言土语”的意见建议通过多元渠道反馈给立法机关并被充分吸纳，成为高质量立法的“源头活水”。2021年6月17日，外交部组织40多个国家驻华使节参观访问了上海虹桥街道立法联系点，外国人看了以后异口同声地说：“中国真了不起，立法时连关乎市民的一些具体小事都征求普通居民的意见，这在他们国家是做不到的。”

延伸阅读：基层立法联系点

2015年，全国人大常委会法工委设立上海市长宁区虹桥街道等4个基层立法联系点，目的是推动立法工作更好接地气、察民情、聚民智、惠民生。2019年11月，习近平总书记考察上海虹桥街道基层立法联系点，为联系点工作持续稳步深入发展注入了强大动力。经过几轮拓展布局，目前基层立法联系点数量已增至32个，实现了31个省（区

▲ 习近平总书记关于全过程人民民主重大理念始于立法工作，始于基层立法联系点。图为上海市长宁区虹桥街道古北市民中心基层立法联系点。
（来源：中国人大杂志）

市）全覆盖，带动省、市两级人大常委会建立立法联系点5500余个。基层立法联系点涵盖从直辖市到街道镇的地方人大工作各个层级以及不同领域，兼顾不同方面群众诉求，确保法律草案的立项、起草、调研、审议、评估、宣传、实施等各环节，都能听到来自基层群众的声音。截至2023年1月，基层立法联系点先后就152部法律草案、年度立法工作计划等征求基层群众意见建议15000条，其中数千条意见建议被不同程度采纳吸收，有效保证了国家立法决策的民意基础。

发挥代表在立法中的重要作用，是在立法工作中践行全过程人民民主的重要渠道。人大代表是国家权力机关的组成人员，通过参加大会审议与表决，直接参与行使国家立法权，通过提出议案建议，推动人民群众的法治关切提上立法日程。常委会通过邀请代表列席常委会会议，建立常委会组成人员联系代表机制，邀请代表参加立法调研、座谈研讨、法律草案通过前评估等，使代表提出意见建议的途径更加畅通，参与立法工作更加富有实效。在《刑法修正案（十一）》草案起草过程中，起草单位对十三届全国人大三次会议期间533人次代表提出的18件议案进行了充分研究，在认定未成年人刑事责任年龄，加强非公有制经济保护，修改证券犯罪、洗钱罪、妨害传染病防治罪，增设袭警罪等方面，都吸收采纳了代表的意见建议。现在，法律草案一般通过中国人大网代表专区征求代表意见，一些重要法律草案还专门寄送给每位代表征求意见，专业性强的法律草案会印发相关专业或领域的代表征求意见。近年来，全国人民代表大会审议通过了多部重要法律，包括修改宪法，制定《慈善法》《监察法》《外商投资法》《民法典》《全国人大组织法》《全国人大议事规则》《地方组织法》等。这些重要法律经过近3000名人大代表充分审议，最大限度凝聚立法共识，彰显了立法民主。

延伸阅读：让科技赋能立法

近年来，立法工作通过与互联网、大数据、人工智能等现代科技手段有机结合，有效降低了成本，提高了工作实效。全国人大常委会建立国家法律法规数据库、备案审查信息平台、法律草案征求意见平台，更加便捷地开展相关工作。各地方也在积极探索，比如一些地方召开网上立法听证会，正反双方代表网上辩论，图文现场直播，既充分反映民意，又推动普法宣传；一些地方通过大数据分析了解民意诉求，提高立法的针对性和实效性；有的地方借助人工智能，提高立项管理、意见征集、文件公开、报备、审查、清理、立法资料管理、立法评估、立法大数据分析等工作的质量和效率。

金句

要在确保质量的前提下加快立法工作步伐，增强立法的系统性、整体性、协同性，使法律体系更加科学完备、统一权威。[10]

严格依照法定权限和法定程序，确保立法内容合宪合法，是立法活动必须要守的“规矩”。比如，根据关于专属立法权的法律规定，关于犯罪和刑罚、对公民政治权利的剥夺和限制人身自由的强制措施和处罚、司法制度等事项，只能由法律规定。再比如，根据立法法规定，设区的市地方立法权限严格限定在城乡建设与管理、环境保护和历史文化保护三个方面，超越这三个方面即被视为越权立法。《立法法》以专节的形式对全国人大及其常委会的立法程序作出规定，明确了提案、审议、讨论、表决、公布各个环节的具体要求，这些规定必须严格遵守，确保立法工作的规范性、有序性。

延伸阅读：税收法定

《立法法》规定，“税种的设立、税率的确定和税收征收管理等税收基本制度”是全国人大及其常委会的专属立法权，这就是税收法定原则。该原则发源于13世纪英国《大宪章》中对国王征税权的限制，历经数百年的发展，得到现代很多国家的认同。党的十八届三中全会提出了全面落实税收法定原则的明确要求。目前，我国现有的18个

10 习近平：《在中央人大工作会议上的讲话》（2021年10月13日），《求是》2022年第5期。

税种，已有12个上升到法律层面，分别是《个人所得税法》《车船税法》《环境保护税法》《烟叶税法》《船舶吨税法》《企业所得税法》《耕地占用税法》《车辆购置税法》《资源税法》《城市维护建设税法》《契税法》《印花税法》，其他相关税种的法律正在推进过程中。

七、人大监督制度和监督工作

监督权是宪法和法律赋予人大及其常委会的重要职权。人大监督的目的在于确保宪法和法律得到正确实施，维护社会主义法治的统一、尊严和权威；确保行政权、监察权、审判权、检察权得到正确行使，推进“一府一委两院”依法行政、依法监察、公正司法，不断改进工作；确保公民、法人和其他组织的合法权益得到切实尊重和维护，实现好、维护好、发展好人民群众的根本利益和切身利益。

金句

人民代表大会制度的重要原则和制度设计的基本要求，就是任何国家机关及其工作人员的权力都要受到监督和制约。要更好发挥人大监督在党和国家监督体系中的重要作用，让人民监督权力，让权力在阳光下运行，用制度的笼子管住权力，用法治的缰绳驾驭权力。[1]

（一）人大监督的性质定位和特点优势

2021 年 12 月，国务院新闻办公室发布的《中国的民主》白皮书提出，中国结合国情实际，探索构建起一套有机贯通、相互协调

---

1 习近平：《在中央人大工作会议上的讲话》（2021 年 10 月 13 日），《求是》2022 年第 5 期。

的监督体系，并列举了人大监督、民主监督、行政监督、监察监督、司法监督、审计监督、财会监督、统计监督、群众监督、舆论监督10种监督方式。这其中，在国家监督体系中处于第一位的便是人大监督。

人大监督就是在党的领导下，人大及其常委会代表人民进行的具有权威性和法律效力的监督，确保行政权、监察权、审判权、检察权得到正确行使，确保法律法规得到有效实施，确保公民合法权益得到更好地维护。主要包括以下内容：一是人大监督的主体是各级人大及其常委会，体现的是国家权力机关对其他国家机关的监督。根据宪法规定，国家行政机关、监察机关、审判机关、检察机关都由人民代表大会产生，对它负责，受它监督。二是监督对象是“一府一委两院”及其由人大选举和人大常委会任命的国家机关工作人员。“一府一委两院”要自觉接受人大监督，增强依法对人大负责的意识。三是监督内容主要包括“一府一委两院”工作开展情况和宪法法律实施情况等，保证依法行政、依法监察、公正司法。

1. 人大监督制度

人大监督制度，主要包括人民代表大会的监督和人大常委会的监督。人民代表大会的监督形式主要有听取和审议“一府两院”及人大常委会的工作报告，审查和批准国民经济和社会发展计划和计划执行情况的报告；审查和批准国家的预算和预算执行情况的报告；组织特定问题调查，提出和审议有关质询案、罢免案等。据史料记载，周恩来同志担任国务院总理近22年中，向全国人民代表大会6次作政府工作报告，向全国人大常委会报告工作达16次之多。

延伸阅读：十三届全国人大四次会议期间政府工作报告修改 92 处

2021 年 3 月，十三届全国人大三次会议认真履行宪法法律赋予的职责，审议政府工作报告，审查国民经济和社会发展第十四个五年规划和 2035 年远景目标纲要草案、审查 2020 年国民经济和社会发展计划执行情况与 2021 年国民经济和社会发展计划草案的报告、2021 年国民经济和社会发展计划草案，审查 2020 年中央和地方预算执行情况与 2021 年中央和地方预算草案的报告、2021 年中央和地方预算草案。会议期间，政府工作报告起草组通过视频连线、会议简报、热线电话、移动端小程序等多种渠道听取代表们的审议意见，系统梳理汇总，逐条认真研究，充分采纳吸收，对报告共补充修改 92 处，主要集中在稳经济、促创新、惠民生方面。在 3 月 11 日上午举行的闭幕会上，大会表决关于政府工作报告的决议草案，承载着满满民意、凝结着代表们智慧的政府工作报告获得高票通过。

根据监督法，人大常委会主要有七种法定监督形式：听取和审议专项工作报告；审查和批准决算，听取审议计划、预算的执行情况报告，听取审议审计工作报告；对法律法规实施情况进行检查；规范性文件备案审查；询问和质询；特定问题调查；撤职。从实际使用频率来说，可以分为经常性监督形式和非经常性监督形式两大类。审议专项工作报告、预决算审查监督、执法检查、备案审查这四种形式在实际工作中广泛运用，是经常性的监督形式。质询、特定问题调查和撤职这三种形式不常用，又称为非经常性的监督形式。

延伸阅读：经历“二十年磨一剑”的监督法

监督法的制定工作，从六届全国人大常委会开始酝酿，到第七、八、九届全国人大常委会组织起草，九届全国人大常委会第二十九次会议初次审议监督法草案，此后十届全国人大常委会开展三次审议。据有关统计，从1987年六届全国人大五次会议到2006年十届全国人大四次会议期间，全国人大历次会议上都有人大代表对制定监督法提出议案，共计222件，参与联名代表共计4000余人次。2006年8月27日，十届全国人大常委会第二十三次会议表决通过《中华人民共和国各级人民代表大会常务委员会监督法》，对各级人大常委会的监督对象、内容、范围、方式和程序作了规定。监督法立足国情、反映民意，对比较成熟的经验做法作出具体规定，尚不成熟的作出原则规定，各方面的意见不一致的待条件成熟时再作补充完善，为进一步改革和发展留下空间。

2. 人大监督原则

人大监督与人大事业发展相伴相随，在理论探索和实践创新中积累了工作经验和有益成果。根据宪法和相关法律规定，结合工作实践，各级人大及其常委会形成了行使监督权的理念原则。主要包括：

——始终坚持党的全面领导。各级人大及其常委会在开展监督工作的过程中，必须把坚持党的全面领导作为首要政治原则，聚焦党和国家工作大局积极主动履职尽责，确保党的领导贯彻于人大监督工作各方面，做到党中央决策部署到哪里，人大工作就跟进到哪里，监督职能作用就发挥到哪里。

——始终坚持依法行使职权。人大及其常委会的监督权是宪法和法律赋予的。全国人大及其常委会根据宪法，已经制定了20多件与人大监督有关的法律和决定。各级人大及其常委会根据宪法及相关法律规定，严格依照法定职责、限于法定范围、遵循法定程序开展工作，做到既不能缺位也不能越位。

——始终坚持集体行使职权。人大及其常委会按照民主集中制的原则，集体行使职权，集体讨论问题，通过“表决”形式集体作出决定。在监督工作中，从监督项目的确定，监督行为的实施，对相关问题的处理，都要经过集体讨论作出，任何个体不能直接决定监督事项。

——始终坚持公开透明。人民当家作主是社会主义民主政治的本质核心，任何工作都要坚持以人民为中心，坚持人民主体地位。人大及其常委会要坚持开门监督，始终倾听人民意见、密切与人民联系、自觉接受人民监督，保证人民群众的知情参政权。人大常委会的监督工作应当向本级人民代表大会报告，接受人民代表大会监督。

延伸阅读：四川人大向社会广泛征集监督议题建议

2021年10月20日，四川省人大常委会办公厅发布关于公开征集省人大常委会2022年监督议题建议的公告，通过省人大网等平台向社会各方广泛征求意见建议，并且向省人大各专门委员会和常委会各办事工作机构征集监督议题。截至11月15日，省人大内部征集相关监督议题34项，公开征集社会意见建议12条。起草小组经认真梳理汇总、反复修改完善，对监督事项、组织方式、时间安排、责任单位等进行统筹，形成了草案讨论稿。2022年1月，省人大常委会2022年度监督工作计划征求意见座谈会召开，与会人员集体研究工作计划草案讨论稿，提升2022年省人大常委会监督工作质量。

3. 人大监督的特点优势

人大监督具有鲜明的人民底色和制度优势，在国家监督体系中发挥独特优势和关键作用，推进现代化治理和国家长治久安。习近平总书记指出：“人民的眼睛是雪亮的，人民是无所不在的监督力量。只有让人民来监督政府，政府才不会懈怠；只有人人起来负责，才不会人亡政息。人民代表大会制度的重要原则和制度设计的基本要求，就是任何国家机关及其工作人员的权力都要受到制约和监督。”[2]

首先，人大监督实质上是人民的监督，是人民当家作主、人民参与国家和社会事务管理的根本体现。在社会主义中国，人民是国家的主人，是建设社会主义现代化国家的“主人翁”。各级人民代表大会都由民主选举产生，对人民负责、受人民监督。由此决定了人大及其常委会是具有鲜明人民属性的国家权力机关。本级“一府一委两院”只有接受人大监督的义务，而没有反过来监督人大的权力。“一府一委两院”依照人大制定的宪法法律和作出的决定决议行使职权、开展工作，自觉接受人大监督。

延伸阅读：人大常委会听取监察委员会专项工作报告

十三届全国人大一次会议通过宪法修正案和监察法，产生国家监察委员会，依法赋予反腐败国际合作、加强对反腐败国际追逃追赃和防逃工作的组织协调等重要职责。根据宪法和监察法规定，监察委员会对人民代表大会及其常务委员会负责，并接受其监督。2020

2　习近平：《在庆祝全国人民代表大会成立六十周年大会上的讲话》，《求是》2019 年第 18 期。

年 8 月，十三届全国人大常委会第二十一次会议听取了国家监察委员会关于开展反腐败国际追逃追赃工作情况的报告。2021 年，31 个省（区、市）人大常委会全部听取审议同级监委的专项工作报告。其中，北京、天津、上海、福建、山东、浙江等省级人大常委会听取审议关于开展反腐败国际追逃追赃工作情况的报告；陕西、湖南、内蒙古、云南等地听取审议关于扫黑除恶专项斗争监督调查处置工作情况的报告。监委向人大常委会作专项工作报告，体现出人大监督的权威性和人民监督的至上性，推进国家监察体制改革在法治轨道上深化发展。

其次，人大监督的重中之重在于从制度上、根本上、全局上推动解决事关经济社会发展的重大问题。人大监督与其他监督相比，重点在于聚焦具体问题背后的共性问题、典型问题及制度问题，通过作出决议、形成审议意见等推动有关方面彻底解决深层次问题，保证“一府一委两院”各负其责、各司其职开展工作。在发现涉嫌违法的具体问题时，一般不会代替其他国家机关直接处理，而是依法推动“一府一委两院”按照各自职权进行处置和纠正。

延伸阅读：人大监督重点瞄准普遍性问题、制度性问题

加强人大及其常委会对法院、检察院的工作监督和法律监督，主要在于解决审判、检察工作中普遍性、制度性和典型性问题，而不单纯关注司法“个案”。十届全国人大常委会把解决超期羁押这一群众反映强烈的问题作为监督重点，督促和支持高法、高检等有关单位，集中开展了全面清理超期羁押的专项工作，并制定了预防和纠正超期羁押问题的具体规定，经过各方面的努力，历史遗留的超期羁押案件

基本得到纠正。2018 年 10 月，十三届全国人大常委会第六次会议听取审议了最高人民法院《关于人民法院解决执行难工作情况的报告》，并首次开展专题询问。2019 年 4 月，全国人大常委会听取审议了最高人民法院关于研究处理对解决执行难工作情况报告审议意见的报告，切实巩固“基本解决执行难”成果。由此可见，人大重点关注司法某方面工作以及司法“类案”，往往起到事半功倍的良好效果。

再次，人大监督的鲜明优势在于推进监督与支持的高度融合。人大监督寓支持于监督之中，在真监督中做到真支持，正确处理监督与支持的关系，是支持型监督。这种监督属性，促进国家权力适当集中和分工协同的完美融合，保障实现人民当家作主权利的广泛性、真实性、有效性。在推进党和国家事业发展中，遵循党的领导、人民当家作主与依法治国有机统一原则，人大及其常委会与行政机关、监察机关、审判机关、检察机关职责分工不同，但目标是完全一致的，都是在党的领导下依法履行职责、协调一致开展工作。这与西方国家片面强调权力之间的制约，国家机关之间相互掣肘、内耗严重，导致政治极化、社会撕裂有根本区别。

延伸阅读：国家机关协同筑牢公共卫生安全法治防线

2020 年 2 月 24 日，全国人大常委会作出决定，确立全面禁食野生动物制度。5 月至 7 月，全国人大常委会组织开展“一决定一法”的执法检查，对 31 个省区市法律实施情况进行全面性检验、系统性评估。8 月，全国人大常委会第二十一次会议听取并审议“一决定一法”执法检查报告。全国人大常委会聚焦社会反映强烈的重要问题作出决定并监督实施，国务院及相关部门以雷霆万钧之势迅速开展一系列执法专项行动，并及时公布国家畜禽遗传资源目录，司法机关严惩破坏野生动物资源违法犯罪行为，各省区市创造性开展公共卫生立法和执法检查，采取多种措施帮助贫困养殖户不减收不返贫，展现了国家机关之间监督与支持完美融合的权力运行特点，凝聚成推进野生动物保护落地落实的强大工作合力。既雷厉风行推进法律实施，又以人为本温情服务，成为这次执法检查的突出特点。许多委员在审议时表示，这次执法检查力度空前，浓浓为民情怀扑面而来，充分说明了本届人大常委会坚决贯彻落实习近平生态文明思想，以法律武器、法治力量保护生态环境和野生动物的高度自觉。

党的十八大以来，各级人大及其常委会坚持围绕中心、突出重点、增强实效，聚焦党中央重大决策部署，聚焦人民群众所思所盼所愿，按照发展全过程人民民主的要求，实行正确监督、有效监督、依法监督，推进对“一府一委两院”工作的全领域监督，加强对法律实施的全流程监督，加强计划、预决算审查和国有资产管理的深层次监督，创造性地深化推进监督工作，不断彰显人大监督在党和国家监督体系中的重要作用。

（二）加强对“一府一委两院”工作的监督

每年召开的各级人民代表大会会议，都会审议人民政府工作报告、人民法院工作报告、人民检察院工作报告及人大常委会工作报告，审查计划和预算草案，人大代表和社会各方共议国家大事。闭会期间，各级人大常委会会选择若干关系改革发展稳定大局和人民群众切身利益、社会普遍关注的重大问题，有计划地安排听取和审议本级“一府一委两院”专项工作报告，这是人大常委会运用最为经常的监督形式。

近年来，各级人大常委会审议专项工作报告的质量和实效日益增强，做到严肃认真不走“过场”。人大常委会重点监督“一府一委两院”是不是按照党中央决策部署依法开展工作、兑现向人民作出的承诺，工作上存在哪些不足和差距及努力方向。常委会组成人员在审议时提出针对性的意见建议，而且送“一府一委两院”研究处理，“一府一委两院”研究处理情况要向人大常委会提出书面报告。常委会认为必要时，可以对专项工作报告作出决议，并要求在决议规定的期限内报告执行情况。常委会还可以听取研究处理审议意见情况的报告，持之以恒、一抓到底，直至相关问题的根本解决。很多地方人大常委会还把满意度测评普遍运用到专项工作审议中，有的制定了审议专项工作报告的满意度测评工作办法，为地方人大提高审议质量、增强监督实效提供了有力支撑。

2021 年，全国人大常委会听取审议 20 个有关监督工作报告，涉及经济、政治、文化、社会、生态多个领域。其中，听取审议国务院关于建设现代综合交通运输体系有关工作情况的报告并开展专题询问，推动加快构建安全、便捷、高效、绿色、经济的现代化综合交通运输体系。听取审议国务院关于长江流域生态环境保护工作情况报告，依法推动长江流域生态环境保护和高质量发展。听取审议国务院关于文物工作和文物保护法实施情况的报告，推动新时代文物事业高质量发展，助力建设社会主义文化强国。听取审议国务院关于教师队伍建设和教师法实施情况的报告，推动办好人民满意的教育。

▲ 安徽省马鞍山花山区深入贯彻长江保护法

延伸阅读：云南人大以“听取专项工作报告 + 开展工作评议 + 测评”的方式提升监督实效

2016年，云南省人大常委会听取审议政府年度环境保护情况报告，并列为人大监督的常规内容。自此省人大常委会统筹抓好工作机制建设，在完成依法听取年度环保报告规定动作的基础上，打出自选动作“组合拳”，连续多年推行“听取专项工作报告 + 开展工作评议 + 测评”的“三合一”监督方式，对政府专项工作报告采取现场量化打分、无记名投票、现场唱票、现场公布测评结果。根据测评结果，省政府环保工作2016年为“合格”（79.6分），2017年为“良好”（85.15分）。2021年9月，省人大常委会第二十六次会议首次听取和审议省人民政府关于生态文明建设情况的报告并开展专题询问，依法助力打好污染防治攻坚战、推进生态文明建设。

（三）加强对法律法规实施情况的监督

对法律法规实施情况的检查监督，通常称为“执法检查”。执法检查是人大监督的重要法定形式，是保障法律有效实施、推进法治国家建设的重要抓手。执法检查的主要目的，是确保宪法和法律的正确实施，依法保护公民和法人的合法权益。人大常委会的执法检查不是一般性的工作检查，而是根据宪法法律的授权针对法律法规的实施情况开展专门检查。十三届全国人大常委会每年有计划、有重点地选取6部左右法律开展执法检查，以点带面推动其他法律的实施。

执法检查制度经历了不断发展的过程。七届全国人大常委会总结地方人大执法检查经验做法，提出要把制定法律和法律制定后的监督检查放在同等重要地位，并开始作为一项经常性制度坚持下去。十三届全国人大常委会在以往工作基础上守正创新、完善发展。聚焦法律制度和法律职责的落实，采用实地检查、明察暗访、点名曝光、第三方评估及召开五级人大代表座谈会等方式方法，逐条对照检查法定职责是否履行、法律责任是否落实、法律法规执行效果是否明显，避免把执法检查混同于一般的工作检查，确保法律的“牙齿”真正咬合。健全完善执法检查闭环工作机制，优化项目确定、方案制定、组织开展、报告审议和处理反馈等程序环节，推进执法检查全要素环环相扣、全方位无缝衔接。

2021年，全国人大常委会检查了中医药法、企业破产法、畜牧法、固体废物污染环境防治法、公证法、消防法等6部法律实施情况。对于中医药法，重点检查中医药体制机制、服务体系和服务能力、中药材质量监管、中医药传承特色、人才培养和队伍建设、科研创新等情况，推动继承好、发展好、利用好中医药这一国家宝贵财富。对于企业破

选好题目
- 聚焦制约经济社会发展、社会普遍关心的突出矛盾和问题
- 征集执法检查的议题建议

组织开展
- 形成执法检查方案
- 由委员长、副委员长担任执法检查组组长
- 采取明察暗访、第三方评估、召开座谈会、委托检查等多种方式

全面报告
- 报告包括基本情况、主要问题及原因分析、改进建议等
- 执法检查组研究讨论报告稿

充分审议
- 常委会组成人员、列席代表充分发表意见
- 可以结合审议情况开展专题询问

研究处理
- 把执法检查报告和审议意见送“一府一委两院”
- “一府一委两院”提出研究处理情况的书面报告

整改反馈
- 有关专门委员会、常委会办公厅开展跟踪监督
- 必要时提请常委会审议有关研究处理情况报告

▲ 全国人大常委会建立健全执法检查的全链条工作流程

产法，重点检查企业破产法的贯彻实施、破产案件审判、管理人制度、企业破产中的政府协调机制建立运行、国有企业依法破产等情况，为加快修改企业破产法、维护良好市场秩序奠定基础。

延伸阅读：全国人大常委会连续5年开展生态环保领域法律执法检查

2018年5月至6月，全国人大常委会大气污染防治法执法检查组分赴8个省区开展检查，同时委托23个省区市人大常委会开展自查。2018年7月，全国人大常委会专门加开一次会议，听取审议大气污染防治法执法检查报告，对执法检查中发现的涉及22家企业的38个问题点名曝光，并作出关于全面加强生态环境保护、依法推动打好污染

防治攻坚战的决议。2019年，开展水污染防治法执法检查，引入第三方评估，提高检查的科学性、客观性、权威性。2020年，检查了关于全面禁止野生动物非法交易和食用的决定、野生动物保护法、土壤污染防治法的实施情况。2021年，在检查固体废物污染环境防治法实施情况时，首次组织全国人大代表开展专题调研，共有13个省（区、市）的240名代表参加。2022年，全国人大常委会聚焦环境保护法、长江保护法等实施情况开展检查。栗战书委员长连续五年担任相关执法检查组组长，亲自带队实地检查生态环境保护领域重要法律实施情况。全国人大常委会持续推进生态环保领域的执法检查，运用法治方式助力打好污染防治攻坚战，有力推动了生态文明理念、生态环保法律深入人心，凝聚起建设青山常在、绿水长流、空气常新美丽中国的法治力量。

（四）加强计划、预算决算审查和国有资产管理的监督

计划是政府对未来一定时期经济社会发展和国计民生的安排，预算是政府对未来一年财政收入和支出的谋划。计划和预算的审查批准和监督实施，由人大及其常委会共同完成。按照宪法和预算法、监督法相关规定，计划（规划）和预算由人民代表大会审查批准，决算由人大常委会审查批准，县级以上地方各级人大常委会监督本级总预算的执行。监督法规定国务院应当在每年六月，将上一年度的中央决算草案提请全国人民代表大会常务委员会审查和批准。县级以上地方各级人民政府应当在每年六月至九月期间，将上一年度的本级决算草案提请本级人民代表大会常务委员会审查和批准。而且，监督法明确人

大常委会每年审查和批准决算的同时，还要听取和审议本级人民政府提出的审计机关关于上一年度预算执行和其他财政收支的审计工作报告。形象地说，预算和审计一个是管分钱的、一个是管查账的。决算和审计这两个报告往往安排在同一次常委会会议审议，并成为制度性安排，进一步提升了人大对财政预算决算和政府工作的监督效果。

延伸阅读：广东人大率先探索预算联网监督，守好人民的“钱袋子”

2004 年 8 月，广东省人大常委会探索建立省级预算支出联网查询系统，首开先河实现对支出预算线上线下结合监督。2015 年自主开发建设省人大预算联网监督系统 2.0 版，引入财政专项资金在线监督系统和社保基金监督系统。2017 年全省 21 个地级以上市 122 个县区全部建立本级人大预算联网监督系统。2014 年，省人大常委会率先开展绩效监督并组织开展第三方评价，连续 8 年听取和审议省政府关于财政专项资金支出绩效情况的专项工作报告，让财政资金真正用在刀刃上。2021 年，预算联网监督系统完成升级改造 3.0 版本，实现与财政、社保、自然资源等 9 部门联网，进一步拓宽人大监督政府预算的范围。现在代表通过手机就可查看定期更新的预决算数据和政策法规，还可在线提出意见建议并接收反馈，实现“在云端”全程监督。

近年来，预算决算审查监督向广度和深度拓展，预算决算审查监督体制机制不断完善，制度化规范化水平明显提升。党的十八届三中全会提出加强人大预算决算审查监督职能。2018 年 3 月，中共中央办公厅印发了《关于人大预算审查监督重点向支出预算和政策拓展的指导意见》，明确人大对支出预算和政策开展全口径审查和全过程监管。十三届全国人大常委会推动预算审查监督工作重点向支出预算和政策拓展，实现绩效评价结果与完善政策和安排预算挂钩。

▲ 杭州人大使用财经综合监督系统实时查看预算执行情况

改进审计查出突出问题整改情况向人大常委会报告机制，跟踪监督突出问题的整改情况，是全国人大常委会加强和改进人大预算审查监督工作、发挥对经济权力运行监督制约的重要举措。2020 年，全国人大常委会办公厅印发《关于进一步加强各级人大常委会对审计查出突出问题整改情况监督的意见》，明确用好听取整改情况的报告、综合运用法定监督方式、提高跟踪监督质量、探索开展满意度测评等方式方法，加大审计监督力度。从 2015 年起，全国人大常委会连续 7 年听取审议国务院关于审计查出问题的报告。

针对地方政府债务管理和监督中的突出问题、薄弱环节，2021 年中办印发《关于加强地方人大对政府债务审查监督的意见》，提出了防范化解重大风险、加强人大对政府债务审查监督的重要举措。全国人大常委会办公厅出台有关具体实施意见，常委会预算工委会同财政部、审计署召开推进学习宣传贯彻有关意见的视频工作会议，并通过专题学习班和工作交流会等形式，推进加强地方人大对政府债务的审查监督。

延伸阅读：2021年省级人大常委会加强计划、预算审查监督和国有资产管理情况监督的新进展

江西密切关注常态化疫情防控下的经济走势，定期召开经济形势分析会，加强计划预算执行、优化营商环境的监督，就债务限额调整、省级预算调整作出决议，对审计查出问题整改情况开展满意度测评。探索建立全省地方政府债务管理情况数据库，强化预算联网监督平台预警功能。重庆优化预算联网监督机制，完善预算联网监督专报制度，定期对资金规模大、预算执行进度慢、年初预算与后期执行差异大的

▲ 审计署发布2020年度审计工作报告

政府部门进行函询。北京作出加强市级预算审查监督的决定，以“年审＋季审”为主要形式、“四问该不该”为切入点完善预算审查监督制度。31个省（区、市）均听取审议关于国有资产管理综合报告和有关专项报告，其中多地实现金融、企业、行政事业、自然资源领域国有资产管理监督全覆盖。陕西、安徽、广东等地制定加强地方人大对政府债务审查监督相关实施意见，围绕“借、用、管、还”进行全过程监管。

我国规模庞大、功能多样的国有资产是全体人民共同创造和拥有的宝贵财富，是保障党和国家事业发展、扩大人民权益的重要物质基础，在现代化建设中具有不可替代的重要作用。截至2020年底，全国非金融和金融国有资本权益近100万亿元，国有企业资产总额近600万亿元，行政事业性国有资产总额43.5万亿元。

党的十八届三中全会提出加强人大国有资产监督职能。全国人大常委会预算工委牵头，财政部、国务院国资委参与承担建立国务院向全国人大常委会报告国有资产管理情况的制度这项改革任务。2017年，党中央印发《中共中央关于建立国务院向全国人大常委会报告国有资产管理情况制度的意见》，要求把国务院关于国有资产管理情况报告纳入全国人大常委会年度监督工作计划。

全国人大常委会监督国有资产管理情况，不是直接管理国有资产，关键在于推动健全国有资产管理情况报告制度和监督制度，摸清国有资产家底，掌握各类国有资产管理及绩效情况，向全国人民交出国有资产“明白账”“放心账”。2020年12月，十三届全国人大常委会第二十四次会议作出关于加强国有资产管理情况监督的决定，进一步

《五年规划》明确路线图和时间表
(2018-2022)

2018年

(1) 在书面报告和审议国有资产管理情况综合报告的同时，听取和审议金融企业国有资产管理情况专项报告；

(2) 实现省级地方建立国有资产管理情况报告制度全覆盖。

2019年

(1) 在书面报告和审议国有资产管理情况综合报告的同时，听取和审议行政事业性国有资产管理情况专项报告；

(2) 完善金融企业国有资产报表，提交行政事业性国有资产报表；

(3) 实现设区的市级地方建立国有资产管理情况报告制度全覆盖。

2020年

(1) 在书面报告和审议国有资产管理情况综合报告的同时，听取和审议企业国有资产（不含金融企业）管理情况专项报告；

(2) 提交企业国有资产（不含金融企业)报表；

(3) 实现县级地方建立国有资产管理情况报告制度全覆盖；

(4) 制定全国人大常委会关于加强国有资产监督的决定。

2021年

(1) 在书面报告和审议国有资产管理情况综合报告的同时，听取和审议国有自然资源（资产）管理情况专项报告；

(2) 提交国有自然资源（资产）报表。

2022年

(1) 听取和审议国有资产管理情况综合报告；

(2) 形成比较健全的全口径国有资产报表体系和管理评价指标体系；

(3) 研究建立人大国有资产监督评价指标体系；

(4) 提出制定综合性国有资产（资本）管理法的可行性研究报告。

▲ 十三届全国人大常委会第二十八次委员长会议通过《十三届全国人大常委会贯彻落实〈中共中央关于建立国务院向全国人大常委会报告国有资产管理情况制度的意见〉五年规划（2018 – 2022）》

健全国有资产监督法律制度、完善监督机制，切实增强监督实效。全国人大常委会依照监督法、预算法、企业国有资产法等有关法律规定，制定十三届全国人大常委会国有资产监督五年规划（2018—2022），连续4年听取审议国务院关于国有资产管理情况的年度综合报告和专项报告，基本摸清各类别国有资产家底，提升国有资产治理水平和管理效能。积极推动实现省级、设区的市级、县级地方建立国有资产管理情况报告制度全覆盖，使国有资产更好服务发展、造福人民。

延伸阅读：全国人大常委会听取四类国有资产管理情况报告

2018年9月，全国人大常委会办公厅印发贯彻落实《中共中央关于建立国务院向全国人大常委会报告国有资产管理情况制度的意见》的若干意见，每年听取和审议国资管理报告成为一项制度性监督安排。2018年10月，全国人大常委会首次审议关于2017年度国有资产管理情况的综合报告和金融企业国有资产的专项报告。2019年10月，审议关于2018年度国有资产管理情况的综合报告和全国行政事业性国有资产管理情况的专项报告。2020年10月，审议关于2019年度国有资产管理情况的综合报告和财政部履行出资人职责和资产监管职责企业国有资产管理情况、国资系统监管企业国有资产管理情况两份专项报告。2021年10月，审议关于2020年度国有资产管理情况综合报告和2020年度国有自然资源资产管理情况专项报告。至此，全国人大常委会连续4年审议国务院关于国有资产管理情况的年度综合报告和专项报告，实现了企业国有资产、金融企业国有资产、行政事业性国有资产、国有自然资源资产四大类别国有资产管理情况监督全覆盖。

（五）创新完善监督方式方法

与时俱进是人大监督的应有品格。各级人大常委会面对经济社会发展中出现的新情况新问题，用足用好宪法法律赋予的监督权，创新完善监督方式方法，创造性地做好监督工作，不断增强人大监督的针对性、有效性，让人大监督更有力度、更具实效，更好助力经济社会发展和改革攻坚任务。

1. 专题询问和质询的深化发展

随着人大监督实践深化，监督法规定的询问形式逐步发展为专题询问，常委会组成人员围绕各项议案、报告开展专题询问已经成为常态。2010 年 6 月，十一届全国人大常委会第十五次会议分组审议国务院关于 2009 年中央决算报告时进行了专题询问。受国务院委托，财政部多位负责人到会回答询问。这次询问首次以“专题询问”形式亮相。与以往的询问相比，专题询问主题更加集中，重点更加突出，针对性、互动性更强，有助于“面对面”推动有关方面改进工作，成为提升常委会审议质量和监督实效的有益探索。2015 年，十三届全国人大常委会制定关于改进完善专题询问工作的若干意见。十三届全国人大常委会每年结合听取审议有关报告开展 2 次左右专题询问，提出系列改进措施，不断增强监督实效，专题询问问出了“辣味”、改出了“成效”，得到了人民群众的点赞。有些地方人大探索改进专题询问工作，还建立向社会公开征集问题线索机制、运用视频直播录播、网络互动等方式全程公开，专题询问的实际效果不断增强。

监督法规定的质询是一种比较刚性的监督形式，但实践中运用较少，甚至处于休眠状态。随着地方治理现代化水平的提升，质询在地方人大的监督实践中运用越来越广泛。党的十八届三中全会明确提出，通过询问、质询等积极回应社会关切。近年来，地方人大常委会落实党中央的部署要求，聚焦生态环保、教育医疗、重大项目落实等重大问题，深入探索并积极开展质询工作。

延伸阅读：丽水人大紧盯污水治理办成首起质询监督

2015 年 7 月，浙江丽水市人大常委会会议期间，9 位常委会组成人员依法联名，向丽水经济技术开发区管委会提出《关于水阁污水处理厂存在未达标排放问题的质询案》。市人大常委会当即召开主任会议专题研究，要求开发区管委会对未达标排放的原因、将采取的措施及何时完成作出书面答复。最初的书面答复，被市人大常委会认为格式不规范、内容空洞而作出退回处理。市人大常委会在 2015 年 9 月召开关于质询案的答复见面会，市人大常委会主任及有关副主任，市长及相关副市长，市环保、发改和建设等部门“一把手”悉数到会。质询案提出者也全部到会，并对此次书面答复进行满意度投票。在随后污水处理厂两年多的整改过程中，市人大常委会全程跟踪监督，相继采取调研、视察、听取报告、满意度票决等形式加大督办力度，并向人大报告进展情况，同时督促相关部门对整治成果展开“回头看”。2018 年 5 月初，丽水经济开发区水阁污水处理厂出水水质已连续 4 个月基本稳定达到一级 A 排放标准，意味着丽水人大历时两年多的首个质询案成功办结。[3]

3　施晓义、杨慧玲：《紧盯污水治理 持续两年有余 丽水人大办成首起质询监督》，《浙江日报》2018 年 5 月 13 日。

2. 特定问题调查的深入推进

特定问题调查是县级以上各级人大及其常委会就某一专门问题所进行的调查活动，是各级人大常委会行使监督权的非常规措施。监督法第 39 条规定，各级人民代表大会常务委员会对属于其职权范围内的事项，需要作出决议、决定，但有关重大事实不清的，可以组织关于特定问题的调查委员会。就运用范围及频率来说，特定问题调查活动开展得较少。近年来，地方人大常委会积极开展有益探索，激活特点问题调查制度，进一步发挥应有的治理效能。

延伸阅读：辽宁省人大常委会成立政府支出预算结构和政府性债务问题调查委员会

2018 年 7 月，辽宁省十三届人大常委会第四次会议表决通过关于成立政府支出预算结构和政府性债务问题调查委员会的决定，对政府支出预算结构和政府性债务进行特定问题调查，这是省人大常委会首次行使特定问题调查权。近年来，辽宁省财政支出预算中，一些预算支出安排绩效不理想，有些地方“依靠高负债拉动增长”的旧发展观还没有根除，与高质量发展有一定差距。特定问题调查委员会由主任委员、副主任委员和委员组成，根据工作需要，聘请 4 位专家。调查委员会将采取听取汇报，调阅有关材料等方式开展调查，调查结束后将向常委会提交调查报告。省人大常委会将根据调查报告，作出相应的决议、决定。[4]

---

4 赵英明：《辽宁人大成立政府支出预算结构和政府性债务问题调查委员会》，《辽宁日报》2018 年 7 月 27 日。

3. 专题调研发挥越来越重要的作用

调查研究是各级人大及其常委会依法履职的基本功。近年来，专题调研以其鲜明的特点和效能，日益发挥重要作用，成为人大监督工作的有益补充。有的学者认为，专题调研形式灵活、作用明显，有可能发展为一种经常性监督方式。十三届全国人大常委会履职以来，把专题调研摆在重要位置。2019 年，全国人大常委会第九次常委会会议听取审议关于脱贫攻坚工作情况的调研报告，形成了相关审议意见并交由国务院研究办理。2020 年从 3 月初到 7 月中旬，全国人大常委会围绕“十四五”规划纲要编制工作若干重要问题开展专题调研，常委会办公厅和有关专门委员会、工作委员会形成 22 份专题调研报告，这些报告均以专报形式报常委会领导同志和各有关方面参阅。截至 2022 年 3 月，十三届全国人大常委会组织开展 25 项专题调研，得此调研成果的转化运用，更好地服务人大监督和立法修法工作，也为党中央和有关国家机关提供决策参考和工作参谋。

延伸阅读：全国人大常委会专题调研的历史回顾

十一届全国人大常委会以前，专题调研主要由专门委员会组织，很少在常委会层面展开。2009 年，为应对国际金融危机对我国经济发展带来的冲击，十一届全国人大常委会围绕 9080 亿元中央政府公共投资计划的有效实施，主动开展了近 3 个月的专题调研。在当年 10 月召开的常委会会议上，同时安排听取审议国务院专项工作报告和常委会专题调研报告。常委会组成人员提出的意见和建议，得到了党中央、国务院的重视和采纳。这次针对重大问题开展的专题调研，既为开展“十二五”规划纲要编制专题调研积累了经验，也为常委会创新监督方式方法提供了有益尝试。

八、人大及其常委会会议制度和运行

会议制度是人民代表大会制度的重要组成部分。完备的会议制度对于保证人大及其常委会集体行使职权、依法履行职能、充分发挥整体作用至关重要。

（一）人大及其常委会主要通过会议形式行使职权

会议是人大及其常委会行使职权的基本方式，其根源在于人民代表大会是国家权力机关，实行民主集中制，坚持集体行使职权，集体讨论决定问题。人大会议制度是由宪法、全国人大组织法、全国人大议事规则、全国人大常委会议事规则、地方组织法等规定的，具有法定性，是必须开的，不是可开可不开的。

人大会议遵循的基本原则主要有：一是平等原则。代表大会、常委会表决有关议案时，每位代表、常委会组成人员都有同等的表决权，无论是委员长、副委员长、秘书长，还是其他代表、委员，都是一人一票，按照少数服从多数的原则进行表决。代表大会表决议案，除宪法的修正需要由全体代表的三分之二以上的多数通过外，一般由全体代表的过半数通过。各级人大常委会表决议案，获得过半数赞同的通过。二是民主原则。人大及其常委会的基本组织原则和活动原则是民主集中制，人大及其常委会通过议案、做出决定之前需要充分调研、听取人民群众的意见建议，在审议议案、讨论问题时，大家各抒己见、畅所欲言，包括提出不同意见，在充分发扬民主、集思广益、基本取得共识的基础上进行表决。法律案一般要经过三次审议后再付表决。三是依法原则。关于人大会议的各环节，包括会议召开、会议主持、会议组织保障、会期、参加和列席会议人员、会议形式、议案提出和审议、发言时间、表决等，都有比较健全的法律或者制度规定，实现了有法可依、有章可循。四是公开原则。人大及其常委会会议一般都是公开举行的，会议的举行、会议时间、主要议程、会议情况和会议结果等都及时对社会公开，只有极少数会议秘密举行，极少数议题不对外公开。人民群众可以非常方便地通过新闻媒体和人大网站平台等了解人大会议情况，依法有序进行政治参与。

人大会议主要类型有：在全国人大层面，有全国人民代表大会会议、全国人大常委会会议、委员长会议、专门委员会会议；在地方人大层面，有地方人民代表大会会议、地方人大常委会会议、地方人大常委会主任会议、地方人大专门委员会会议等。此外，还可根据履职需要，召开不同主题和类型的工作会议。

（二）全国人民代表大会会议

一年之计在于春，国计民生看“两会”。全国人民代表大会会议一般在春季召开，讨论和决定国家大事，谋划未来一年甚至未来五年、十五年的重要工作，在国家政治生活中具有极其重要的地位，被视为观察中国政治的重要窗口、风向标。宪法、全国人大组织法、全国人大议事规则等对全国人民代表大会会议制度和运行进行了明确的规范，为其有效运行打下了坚实的制度和法律基础。

1. 会议的举行

全国人民代表大会一般每年举行一次会议，由全国人大常委会召集。每届全国人民代表大会第一次会议，在本届全国人大代表选举完成后的两个月内，由上届全国人大常委会召集。除了例行召开的会议，全国人大常委会认为必要，或者有五分之一以上的全国人大代表提议，可以临时召集全国人民代表大会会议。全国人民代表大会会议有三分之二以上的代表出席，才能够举行。历史上，会期最长的是一届全国人大二次会议，共26天；会期最短的是四届全国人大一次会议，共5天。近些年来，大会会期有所压缩，一般为10天左右。十三届全国人大一次会议会议于2018年3月5日至20日召开，会期共15天半，为近20年来最长的一次。主要原因是这次会议除了有常规议程，还有换届选举任务，需要选举任免国家机关领导人员、审议批准国务院机构改革方案、审议通过《宪法修正案》和《监察法》等。新冠肺炎疫情暴发以来，大会会期压缩为7天左右。

延伸阅读：全国人民代表大会会议召开的时间

我国宪法没有明确规定全国人民代表大会会议召开的具体时间。实践中，大会会议召开时间从第一季度到第四季度都有。起草1982年宪法时，是否固定全国人大开会的日期，是群众关心的热点问题。有的人要求规定全国人大会议的具体会期，原来准备定为每年第四季度或第一季度，后来考虑到宪法中规定了就要确保实行，关键是国务院能不能按期提出国民经济计划、预算和预算执行情况的报告。事实上，新中国成立以来，计划和预算很少是在第一季度或者前一年的第四季度提出的。写了如果不执行就是违宪，因此草案只写了每年开会一次，未规定具体日期。

1982 年宪法实施以来，全国人大每年举行会议时间逐步提前并基本固定下来。从 1985 年到 1989 年连续 5 次会议都是在当年 3 月下旬召开的。1989 年制定的《全国人民代表大会议事规则》明确规定全国人大会议于每年第一季度举行。自 1998 年九届全国人大一次会议起，全国人大会议一般在每年的 3 月 5 日开幕。2020 年，受新冠疫情影响，十三届全国人大三次会议推迟到 5 月 22 日至 28 日召开，这是非常特殊的情况，是符合宪法原则和精神的。疫情受到控制后，十三届全国人大四次会议、十三届全国人大五次会议又恢复在 3 月 5 日召开。2021 年修改的《全国人民代表大会议事规则》增加规定：遇有特殊情况，全国人大常委会可以决定适当提前或者推迟召开会议，提前或者推迟召开会议的日期未能在当次会议上决定的，全国人大常委会可以另行决定或者授权委员长会议决定，并予以公布。这就得使得关于全国人民代表大会召开的规定更为弹性和科学。

延伸阅读：新冠疫情防控常态化背景下召开的大会

2022 年 3 月 5 日至 11 日，第十三届全国人民代表大会第五次会议召开。这次会议是在新冠疫情防控常态化背景下召开的一次重要会议。会议日程为 6 天半，有 10 项议程，共举行 1 次预备会议，3 次全体会议、4 次主席团会议，3 次常务主席会议，以及各代表团全体会议和小组会议。会期虽然压缩了，但议程并没有减少，会议质量并没有降低。包括批准政府工作报告、全国人大常委会工作报告、最高人民法院工作报告、最高人民检察院工作报告等。通过关于修改地方组织法的决定，关于十四届全国人大代表名额和选举问题的决定和香港、澳门特别行政区选举十四届全国人大代表的办法。审查批准2022年国民经济和社会发展计划、2022年中央预算等。期间，近3000名全国人大代表齐聚北京，共商国是，务实高效，生动践行全过程人民民主。

2. 会议的准备

全国人民代表大会会议的准备工作由全国人大常委会负责。包括提出会议议程草案、提出主席团和秘书长名单草案、决定列席会议人员名单、组织代表团、审查代表资格等。全国人大常委会需要在全国人民代表大会会议举行的一个月前，将开会日期和建议会议讨论的主要事项通知代表，并将准备提请会议审议的法律草案发给代表。

1991年2月25日，七届全国人大常委会第十八次会议在开幕的当天，就作出关于召开七届全国人大四次会议的决定，将会议开幕时间确定为3月25日，打破了常委会在闭幕会上通过议案决定的惯例，就是为了保证在一个月前做出决定并通过代表，确保符合法律规定。近年来，关于召开大会的决定都在前一年12月举行的全国人大常委会会议上作出，为全国人大代表和各有关单位做好会议准备提供充裕的时间。

全国人大常委会在全国人民代表大会会议举行前，可以组织代表研读讨论有关法律草案，征求代表的意见，并通报会议拟讨论的主要事项的有关情况。

3. 会议的主持

全国人民代表大会会议由大会主席团主持。主席团第一次会议推选主席团常务主席若干人，推选主席团成员若干人分别担任每次大会全体会议的执行主席，并决定下列事项：副秘书长的人选；会议日程；会议期间代表提出议案的截止时间；其他需要由主席团第一次会议决定的事项。主席团常务主席就拟提请主席团审议事项，听取秘书处和有关专门委员会的报告，向主席团提出建议。主席团常务主席可以对会议日程作必要的调整。

全国人大会议决定的一切问题都先在主席团会议上通过。主席团第一次会议由委员长召集主持。以后的会议由主席团常务主席召集和主持，主席团全体成员参加。必要时还可以吸收各代表团团长和代表团推选的代表参加。主席团可以召开大会全体会议进行大会发言，就议案和有关报告发表意见。主席团的决定，由主席团全体成员的过半数通过。

延伸阅读：全国人民代表大会会议主席团

大会主席团是经预备会议选举产生的，由全国人大代表组成，具有广泛的代表性。近年来人数一般是170至190人上下，包括：党和国家领导人，中央军委委员，各民主党派中央、全国工商联负责人和无党派代表人士，中央和国家机关有关单位领导干部，各人民团体负责人，各省、自治区、直辖市、香港特别行政区、澳门特别行政区、解放军和武警部队代表团负责人，香港特别行政区、澳门特别行政区、企业、科技、社会科学、教育、文艺、卫生、体育、侨界、宗教界的代表以及工人、农民、解放军、武警、基层的代表，人口100万以上的少数民族代表等。十三届全国人大五次会议主席团共175人，主席团常务主席16人。十四届全国人大一次会议主席团共192人，主席团常务主席11人。

延伸阅读："大管家"——大会秘书处

全国人民代表大会会议设立大会秘书处，由秘书长和副秘书长若干人组成。大会秘书处是大会工作机构的领导机构，好比"大管家"，在秘书长领导下，处理会议日常事务工作。大会秘书处在大会主席团的直接领导下工作，其任务是：为大会主席团会议准备各种文件材料；向各代表团及大会服务机构传达大会主席团的决定和有关信息；收集会议中的各种情况，掌握会议的进程，及时向大会主席团反映；领导协调大会各工作机构，解决服务机构和各代表团提出的具体问题。此外，大会秘书处可以组织代表和有关部门、单位负责人接受新闻媒体采访。大会秘书处下设秘书组、法案组、文件起草组、议案组、简报组、新闻报道组、民族语文翻译组、警卫组、总务组、疫情防控组、会风会纪监督组等 11 个组，分别负责大会各项组织服务保障工作。

4. 会议的议题

全国人民代表大会是我国最高国家权力机关，依法具有广泛职权，讨论决定关乎国计民生的大事。其议题主要包括：一是审议政府工作报告、全国人大常委会工作报告、最高人民法院工作报告、最高人民检察院工作报告。二是审查和批准关于国民经济和社会发展计划的报告、计划草案；审查和批准关于中央和地方预算的报告、预算草案。三是审查、批准和调整国民经济和社会发展五年规划纲要和中长期规划纲要草案。如 2021 年，十三届全国人大四次会议审查批准了国民经济和社会发展第十四个五年规划和 2035 年远景目标纲要。四是审议法律案和其他事项。五是行使选举任免权。在换届之年，选举产生委员长、副委员长、秘书长、委员，通过全国人大专门委员会成员；选举国家主席、副主席；决定国务院总理的人选；决定国务院副总理、国务委员、各部部长、各委员会主任、审计长、秘书长的人选；选举中央军事委员会主席、国家监察委员会主任、最高人民法院院长、最高人民检察院检察长等。六是讨论决定国家其他重要事项。

5. 常用会议形式

预备会议。预备会议由全国人大代表组成，在大会召开前一天举行，选举大会的主席团和秘书长，通过大会议程和其他准备事项的决定。预备会议由全国人大常委会主持。换届之年，新一届全国人民代表大会第一次会议的预备会议，由上届全国人大常委会主持。

大会全体会议。每次代表大会会议期间，都要安排若干次全体会议。十三届全国人大五次会议共举行 3 次全体会议。归纳起来，全体会议主要有两个方面的任务：一是听取报告和有关议案的说明，审查议案；二是投票选举和表决议案。全国人民代表大会产生的对全社会具有广泛影响的文件和成果，都由全体会议最后做出或者通过。

代表团会议。全国人民代表大会会议举行前，代表按照选举单位组成代表团。代表团全体会议推选代表团团长、副团长，代表团团长召集代表团会议。人数比较多的代表团可以设立若干代表小组。代表小组会议推选小组召集人。代表小组召开的会议叫作代表小组会议。代表团通过全体会议和代表小组会议方式审议、审查、讨论、协商有关事项。

在每次全国人民代表大会会议举行前，代表团讨论全国人大常委会提出的关于会议的准备事项，如审议主席团和秘书长名单草案，会议代表大会议程草案，以及关于代表大会会议的其他准备事项。

在全国人民代表大会会议期间，代表团对大会的各项议案进行审议并可以由代表团团长或者由代表团推派的代表在主席团会议上或者大会全体会议上代表代表团对审议的议案发表意见。代表团还可以提出属于全国人大职权范围内的议案。以代表团名义提出的议案、质询案、罢免案须由代表团全体代表的过半数通过。

6. 会议的审议

关于议案的审议。列入大会会议议程的议案，提案人应当向会议提出关于议案的说明。议案由各代表团进行审议，主席团可以并交有关的全国人大专门委员会进行审议、提出报告，由主席团审议决定提请大会全体会议表决。

列入会议议程的法律案，大会全体会议听取关于该法律案的说明后，由各代表团审议，并由宪法和法律委员会、有关的专门委员会审议。宪法和法律委员会根据各代表团和有关的专门委员会的审议意见，对法律案进行统一审议，向主席团提出审议结果报告和法律草案、有关法律问题的决定草案修改稿，对重要的不同意见应当在审议结果报告中予以说明，经主席团审议通过后，印发会议。修改稿经各代表团审议，由宪法和法律委员会根据各代表团的审议意见进行修改，提出表决稿，由主席团提请大会全体会议表决。

列入会议议程的议案，在审议中有重大问题需要进一步研究的，经主席团提出，由大会全体会议决定，可以授权全国人大常委会审议决定，并报全国人民代表大会下次会议备案或者提请全国人民代表大会下次会议审议。

关于工作报告的审议。国务院、全国人大常委会、最高人民法院、最高人民检察院向会议提出的工作报告，经各代表团审议后，会议可以作出相应的决议。

关于国家计划、国家预算等的审议。国务院提交的关于国民经济和社会发展计划的报告、计划草案，关于中央和地方预算的报告、预算草案，国民经济和社会发展五年规划纲要和中长期规划纲要草案，各代表团、财政经济委员会和有关的专门委员会进行审查。财政经济委员会根据各代表团和有关的专门委员会的审查意见，对其进行审查，向主席团提出审查结果报告，主席团审议通过后，印发会议，然后将关于上述报告、计划草案、预算草案、有关纲要草案的决议草案提请大会全体会议表决。法律规定，在大会会议举行的45天前，国务院有关主管部门应将上述报告的主要内容，计划和预算草案的初步方案向财政经济委员会和有关的专门委员会汇报，由财政经济委员会进行初步审查。

7. 会议的发言和表决

全国人大代表在全国人民代表大会各种会议上的发言和表决，不受法律追究。其发言应当围绕会议确定的议题进行。代表在大会全体会议上发言的，每人可以发言两次，第一次不超过十分钟，第二次不超过五分钟。要求在大会全体会议上发言的，应当在会前向大会秘书处报名，由大会执行主席安排发言顺序；在大会全体会议上临时要求发言的，经大会执行主席许可，始得发言。20世纪50年代，大会发言是全国人大开会的重要方式，每次会议一般都安排代表在全体会议上发言。

大会全体会议表决议案，由全体代表的过半数通过。表决结果由会议主持人当场宣布。会议表决时，代表可以表示赞成，可以表示反对，也可以表示弃权。从 1990 年七届全国人大三次会议开始，全国人大会议启用无记名按表决器方式。如表决器系统在使用中发生故障，采用举手方式。

（三）全国人大常委会会议

全国人大设立常委会，作为其常设机关。全国人大常委会对全国人大负责并报告工作，接受全国人大监督。全国人大常委会每届任期同全国人大每届任期相同，行使职权到下届全国人大选出新的常委会为止。全国人大常委会由委员长，副委员长若干人，秘书长，委员若干人组成，由全国人大从代表中选出。全国人大常委会行使宪法法律规定的立法、监督、人事任免、重大事项决定等职权。十三届全国人大常委会成立时组成人员为 175 人。

阅读延伸：“代表中的代表”——常委会组成人员

一、二届全国人大常委会组成人员为 79 人，三届为 115 人，四届为 167 人，五届为 196 人，六届至九届为 155 人，十届至十四届为 175 人。常委会组成人员被称为“代表中的代表”，由全国人大选举产生，1988 年前实行等额选举，从七届全国人大一次会议开始实行差额选举。为了保证全国人大常委会组成人员能够集中精力从事人大工作，保证全国人大常委会对其他国家机关工作进行有效的监督，避免“角色冲突”，法律明确规定全国人大常委会组成人员不得担任国家行政机关、监察机关、审判机关和检察机关的职务。如果担任上述职务，必须辞去常委会组成人员职务。

1. 会议的举行

全国人大常委会会议一般每两个月举行一次，在双月中下旬召开，会议为1天到7天不等。有特殊需要可临时召集常委会会议。常委会会议必须有全体常委会组成人员过半数参加，方得举行。委员长会议拟订常委会会议议程草案，提请常委会全体会议决定。委员长召集并主持常委会会议，委员长可以委托副委员长主持会议。常委会举行会议期间，需要调整议程的，由委员长会议提出，经常委会全体会议同意。

常委会举行会议，应当在会议举行7日以前，将开会日期、建议会议讨论的主要事项通知常委会组成人员和列席会议人员。遇有特殊情况，经委员长会议决定，常委会组成人员可以通过网络视频方式出席会议。常委会表决议案，必须由常委会全体组成人员的过半数通过。

延伸阅读：一次全国人大常委会会议有哪些议程？

2021年12月20日至24日，十三届全国人大常委会第三十二次会议在北京召开，会议共5天。这次会议议程丰富、时间紧凑、审议充分、会风优良，反映了党的十八大以来全国人大常委会在推进全面依法治国中的担当作为。会议议程共20多项，主要有：审议法律案13件，涉及《地方各级人民代表大会和地方各级人民政府组织法》《反有组织犯罪法》《湿地保护法》《科学技术进步法》《噪声污染防治法》《民事诉讼法》等的制定修改。审议有关法律问题和重大问题的决定草案2件，审议全国人大常委会两个执法检查报告、国务院3个有关工作的报告等。

2. 常用会议形式

全体会议。一次常委会会议一般举行3次左右的全体会议。全体会议主要任务是听取法律案等议案的说明，听取法律案等议案的审议意见的汇报或者审议结果的报告，听取各项工作报告，对各项议案进行表决。全国人大常委会通过的对国家和社会生活产生重要影响的法律、决议、决定等，都由全国人大常委会全体会议通过或者做出。

分组会议。为使得审议、发言和讨论进行得更加充分，全国人大常委会分成六个小组，以小组为单位进行审议。分组会议主要是对各项议案和报告进行审议讨论。分组会议召集人主持会议。常委会分组会议由委员长会议确定若干名召集人，轮流主持会议。分组名单由常委会办公厅拟订，报秘书长审定，并定期调整。

联组会议。联组会议是由若干个小组组成人员共同参加的专门会议。常委会举行联组会议，由委员长主持，委员长可以委托副委员长主持会议。联组会议又分成小联组会议、大联组会议两种形式。小联组会议是部分小组联合的会议形式，大联组会议是所有小组联合的会议形式。联组会议可以听取和审议专门委员会对议案审议意见的汇报，对会议议题进行讨论，提议案的机关的负责人可以在联组会议上作补充说明；联组会议还可以进行专题询问。从十一届开始，全国人大常委会开展专题询问一般采用大联组会议形式。这种会议形式虽然有别于严肃意义上的全体会议，但常委会组成人员都参加会议，并邀请“一府一委两院”有关领导和有关部门负责人参加，常委会组成人员可以就关心的问题询问“一府一委两院”有关同志，形式灵活，直面问题，气氛庄严，效果良好。

延伸阅读：全国人大及其常委会实行列席制度

全国人大及其常委会所讨论决定的问题关乎国计民生。全国人大召开会议时，常常邀请“一府一委两院”、有关机关团体负责人列席会议。全国人大常委会召开会议时，常常邀请有关国家机关负责人、专门委员会组成人员、常委会工作机构负责人、省级人大常委会主任或副主任列席会议。常委会会议审议法律案时，邀请具备相关工作经历或者知识背景的全国人大代表列席会议。列席会议人员有发言权，没有表决权。十届以来，常委会为代表依法履职创造条件，邀请列席常委会会议的全国人大代表从原来的每次 10 名左右增加到 50 多名。

3. 会议的审议

关于议案的审议。提请常委会会议审议的议案，应当同时包含议案文本和说明，应当在会议召开 10 日前提交常委会。常委会全体会议听取关于议案的说明后，由分组会议、联组会议进行审议，并由有关的专门委员会进行审议、提出报告。

列入会议议程的法律案，常委会听取说明并初次审议后，由宪法和法律委员会进行统一审议，向下次或者以后的常委会会议提出审议结果的报告。有关法律问题的决定的议案和修改法律的议案，宪法和法律委员会统一审议后，可以向本次常委会会议提出审议结果的报告，也可以向下次或者以后的常委会会议提出审议结果的报告。

向全国人民代表大会提出的法律案，在全国人民代表大会闭会期间，可以先向常委会提出；常委会会议审议后，作出提请全国人民代表大会审议的决定。

提请批准国民经济和社会发展规划纲要、计划、预算的调整方案和决算的议案，交财政经济委员会审查，也可以同时交其他有关专门委员会审查，由财政经济委员会向常委会会议提出审查结果的报告。有关专门委员会的审查意见印发常委会会议。国民经济和社会发展规划纲要、计划的调整方案应当在常委会举行全体会议审查的45日前，交财政经济委员会进行初步审查。预算调整方案、决算草案应当在常委会举行全体会议审查的30日前，交财政经济委员会进行初步审查。

提请批准或者加入条约和重要协定的议案，交外事委员会审议，可以同时交其他有关专门委员会审议，由外事委员会向本次常委会会议提出审议结果的报告，也可以向下次或者以后的常委会会议提出审议结果的报告。有关专门委员会的审议意见印发常委会会议。

延伸阅读：哪些主体可向全国人大常委会提出议案?

委员长会议可以向常委会提出属于常委会职权范围内的议案，由常委会会议审议。国务院、中央军事委员会、最高人民法院、最高人民检察院、全国人大各专门委员会，可以向常委会提出属于常委会职权范围内的议案，由委员长会议决定提请常委会会议审议，或者先交有关的专门委员会审议、提出报告，再决定提请常委会会议审议。常委会组成人员10人以上联名，可以向常委会提出属于常委会职权范围内的议案，由委员长会议决定提请常委会会议审议。

关于报告的审议。常委会召开全体会议，听取国务院、国家监察委员会、最高人民法院、最高人民检察院的专项工作报告。常委会全体会议听取报告后，可以由分组会议和联组会议进行审议。委员长会议可以决定将报告交有关的专门委员会审议，提出意见。常委会组成人员对各项报告的审议意见交由有关机关研究处理。有关机关应当将研究处理情况向常委会提出书面报告。常委会认为必要的时候，可以对有关报告作出决议。有关机关应当在决议规定的期限内，将执行决议的情况向常委会报告。委员长会议可以根据工作报告中的建议、常委会组成人员的审议意见，提出有关法律问题或者重大问题的决定的议案，提请常委会审议，必要时由常委会提请全国人民代表大会审议。

延伸阅读：将严肃会风会纪的做法写入法律

十三届全国人大进一步严肃会风会纪。2022 年 6 月修改的《全国人大常委会议事规则》将实践中的好经验好做法吸纳为法律，明确规定常委会举行会议的时候，常委会组成人员应当出席会议；因病或者其他特殊原因不能出席的，应当通过常委会办事机构向委员长书面请假，常委会办事机构应当向委员长报告常委会组成人员出席会议的情况和缺席的原因。《全国人大常委会议事规则》还规定，常委会组成人员应当勤勉尽责，认真审议各项议案和报告，严格遵守会议纪律；出席会议的常委会组成人员应当参加表决。

4. 会议的发言和表决

常委会组成人员在全体会议、联组会议和分组会议上发言，应当围绕会议确定的议题进行。常委会全体会议或者联组会议安排对有关议题进行审议的时候，常委会组成人员要求发言的，应当在会前由本人向常委会办事机构提出，由会议主持人安排，按顺序发言。在全体会议和联组会议上临时要求发言的，经会议主持人同意，始得发言。在分组会议上要求发言的，经会议主持人同意，即可发言。在全体会议和联组会议上的发言，不超过 10 分钟；在分组会议上，第一次发言不超过 15 分钟，第二次对同一问题的发言不超过 10 分钟。事先提出要求，经会议主持人同意的，可以延长发言时间。

表决议案由常委会全体组成人员的过半数通过。表决结果由会议主持人当场宣布。常委会组成人员参加表决时，可以表示赞成，可以表示反对，也可以表示弃权。交付表决的议案，有修正案的，先表决修正案。任免案、撤职案逐人表决，根据情况也可以合并表决。为保障常委会组成人员权利和提高表决效率，常委会表决议案采用无记名按表决器方式。如表决器系统在使用中发生故障，采用举手方式或者其他方式。常委会组成人员通过网络视频方式出席会议的，采用举手方式或者其他方式表决。

（四）委员长会议

全国人大常委会设有委员长，主持常委会会议和常委会的工作。副委员长、秘书长协助委员长工作。委员长会议由委员长、副委员长、秘书长组成，负责处理常委会的重要日常工作，包括：决定常委会每次会议的会期，拟订会议议程草案，必要时提出调整会议议程的建议；对向常委会提出的议案和质询案，决定交由有关的专门委员会审议或者提请常委会全体会议审议；决定是否将议案和决定草案、决议草案提请常委会全体会议表决，对暂不交付表决的，提出下一步处理意见；通过常委会年度工作要点、立法工作计划、监督工作计划、代表工作计划、专项工作规划和工作规范性文件等；指导和协调各专门委员会的日常工作；处理常委会其他重要日常工作。

委员长会议由委员长召集和主持。委员长、副委员长、秘书长出席。委员长可以委托副委员长主持会议。各专门委员会主任委员、常委会副秘书长、常委会工作委员会主任、有关部门负责人可以列席委员长会议。委员长会议根据需要不定期召开。委员长会议通过的文件，由委员长签发。

（五）全国人大专门委员会会议

十三届全国人大设立民族委员会、宪法和法律委员会、财政经济委员会、教育科学文化卫生委员会、外事委员会、华侨委员会、监察和司法委员会、环境与资源保护委员会、农业与农村委员会、社会建设委员会共 10 个专门委员会。各专门委员会由主任委员、副主任委员若干人和委员若干人组成。专门委员会在全国人大及其常委会领导下，研究、审议和拟订有关议案。各专门委员会负责的工作主要有：审议全国人大主席团或者全国人大常委会交付的议案；向全国人大主席团或者全国人大常委会提出同本委员会有关的议案，组织起草法律草案和其他议案草案；承担全国人大常委会听取和审议专项工作报告有关具体工作、执法检查的具体组织实施工作、专题询问有关具体工作；研究办理代表建议、批评和意见，负责有关建议、批评和意见的督促办理工作等。

专门委员会坚持民主集中制，遵照少数服从多数原则，遵循法定程序，集体履行职责。有两种重要会议形式。

专门委员会全体会议。又叫作委员会会议，讨论决定属于专门委员会职责范围内的重要事项，由主任委员召集并主持，全体组成人员参加。主任委员因故不能出席时，委托副主任委员召集并主持。专门委员会全体会议必须有过半数的组成人员参加方能举行。决定属于专门委员会职责范围内的重要事项须经专门委员会组成人员过半数同意。

根据会议议题，专门委员会全体会议可以邀请全国人大相关专门委员会负责同志、国家机关有关部门负责同志、全国人大代表、相关领域专家等列席会议。

延伸阅读：专门委员会会议和代表大会会议、常委会会议的区别

专门委员会会议和代表大会会议及常委会会议的性质不同，后两者是权力机关实体，会议能行使实体权力，能立法和作出有法律效力的决定。前者是权力机关的常设工作机关，属权力机关的内部机构，它们不具有行使实体权力的能力，不能对社会直接做出有法律约束力的决定。但专门委员会会议能为代表大会和常委会会议进行大量的准备工作，是开好代表大会和常委会会议必不可少的重要条件。

主任委员办公会议。由主任委员和副主任委员组成，主要处理专门委员会日常重要工作。根据工作需要，专门委员会相关组成人员和办事机构相关室负责人可以列席会议。主任委员办公会议讨论决定重要事项时一般须经参会人员过半数同意。主任委员办公会议由主任委员召集并主持，主任委员因故不能出席时，委托副主任委员召集并主持。

除了以上会议，各专门委员会还有各类座谈会和其他会议。全国人大宪法和法律委员会、全国人大常委会法制工作委员会工作联系紧密，联合召开两委主任会议成为一种制度性安排。这种会议一般研究法律案审议中的主要问题，就法律案是否列入下一次常委会会议议程提出建议，并就有关工作做出安排。全国人大财经委员会和全国人大常委会预算工作委员会工作联系紧密，预算工作委员会负责同志列席财经委员会全体会议是制度化安排。

延伸阅读：宪法和法律委员会议统一审议法律草案

2021年3月8日，在十三届全国人大第四次会议期间，十三届全国人大宪法和法律委员会召开全体会议，根据各代表团的审议意见，对全国人大组织法修正草案、全国人大议事规则修正草案、全国人大关于完善香港特别行政区选举制度的决定草案进行统一审议。全国人大宪法和法律委员会承担推动宪法实施、开展宪法解释、推进合宪性审查、加强宪法监督、配合宪法宣传等工作职责，统一审议向全国人民代表大会或者全国人大常委会提出的法律草案和有关法律问题的决定草案。其他专门委员会就有关草案向宪法和法律委员会提出意见。

（六）地方人民代表大会会议

地方各级人大是地方国家权力机关，层级、规模、代表性虽然和全国人大不同，但会议制度具有一定的相似性。

1. 会议的举行

地方各级人民代表大会会议每年至少举行一次。乡、民族乡、镇的人民代表大会会议一般每年举行两次。会议召开日期由本级人大常委会或者乡、民族乡、镇的人民代表大会主席团决定。县级以上的地方各级人大常委会或者乡、民族乡、镇的人民代表大会主席团认为必要，或者经过五分之一以上代表提议，可以临时召集本级人民代表大

▲ 2021 年 1 月 17 日，浙江省十三届人大六次会议隆重开幕。

会会议。地方各级人民代表大会会议有三分之二以上的代表出席，始得举行。地方各级人民代表大会进行选举和通过决议，需全体代表的过半数通过。

2. 会议的主持

县级以上的地方各级人民代表大会会议由本级人大常委会召集。地方人大每次会议举行预备会议，选举本次会议的主席团和秘书长，通过本次会议的议程和其他准备事项的决定。预备会议由本级人大常委会主持。每届人民代表大会第一次会议的预备会议，由上届本级人大常委会主持。县级以上的地方各级人大举行会议时，由主席团主持会议。除了大会会议秘书长，县级以上的地方各级人大会议还设副秘书长若干人，副秘书长的人选由主席团决定。

乡、民族乡、镇的人大举行会议的时候，选举主席团。由主席团主持会议，并负责召集下一次的本级人大会议。乡、民族乡、镇的人大主席、副主席为主席团的成员。

3. 会议的议题

地方各级人大会议议题主要包括：一是审议地方政府工作报告、地方人大常委会工作报告、地方人民法院工作报告、地方人民检察院工作报告等。二是审查和批准当地国民经济和社会发展计划报告、计划草案；审查和批准当地预算报告、预算草案；审查、批准和调整当地国民经济和社会发展五年规划纲要和中长期规划纲要草案。三是审议有关法律案和其他事项。四是人事选举任免事项。换届之年，需要选举本级人大常委会组成人员、政府领导人、本级监察委员会主任、人民法院院长和人民检察院检察长等。

县级以上的地方各级政府组成人员和监察委员会主任、人民法院院长、人民检察院检察长，乡级政府领导人员，列席本级人大会议；县级以上的其他有关机关、团体负责人，经本级人大常委会决定可列席本级人大会议。

地方人大也有预备会议、全体会议、代表团会议、主席团会议等，其会议制度和全国人大相关会议有相似之处。预备会议承担着解决会议召开相关程序问题的任务。全体会议听取有关报告、说明和议案，选举投票，表决议案，通过有关重要事项。代表团会议就有关议案和报告进行审议。

（七）地方人大常委会会议

县级以上地方人大设立常委会，作为其常设机关。与地方人大一样，地方各级人大常委会实行民主集中制，集体行使职权，集体决定问题。

延伸阅读：地方人大常委会的“前世今生”

地方各级人大常委会是本级人大的常设机关。目前，县级以上地方各级人大均设立常委会，乡、民族乡、镇的人大不设立常委会。而县级以上地方各级人大设常委会，也是1979年以后的事。早在1954年全民讨论《宪法》草案时，就有人提出地方人大应当设立常委会，但中央考虑到当时地方人民代表大会没有立法权，而且认为区域较小，容易召集会议，每年召开人代会的次数也较多，规定省、市、县为两次，乡为四次，所以没有规定单设一个机关进行日常性的工作。党的十一届三中全会后，社会主义民主法制建设日益加强，地方人大所承担的任务也越来越重，这就迫切需要设立一个常设机构。1979年7月，五届全国人大二次会议通过的修改宪法的决议和地方组织法规定，县级以上地方各级人大设立常委会。到1981年底，全国县级以上地方各级人大都设立了常委会。有了地方人大常委会之后，相关会议制度逐步发展起来，并学习借鉴了全国人大常委会会议制度。

1. 会议的举行

地方人大常委会主任负责召集并主持地方人大常委会会议。地方人大常委会会议每两个月至少举行一次。遇有特殊需要时，可以临时召集常委会会议。主任可以委托副主任主持会议。县级以上的地方各级人民政府、监察委员会、人民法院、人民检察院的负责人，列席本级人民代表大会常委会会议。常委会会议有常委会全体组成人员过半数出席，始得举行。常委会的决议，由常委会以全体组成人员的过半数通过。

延伸阅读：哪些主体可向地方人大常委会提出议案？

县级以上地方各级人大常委会主任会议，县级以上的地方各级人民政府、人大各专门委员会，可以向本级人大常委会提出属于常委会职权范围内的议案。省、自治区、直辖市、自治州、设区的市的人大常委会组成人员五人以上联名，县级的人大常委会组成人员三人以上联名，可以向本级常委会提出属于常委会职权范围内的议案。除了主任会议提出的议案外，其他议案是否列入常委会会议议程，由主任会议决定。

2. 会议形式

全体会议、分组会议和联组会议是地方人大常委会三种常用会议形式。全体会议一般听取关于议案的说明和有关报告，对议案或者决议决定草案进行表决。分组会议一般对议案草案、决议决定草案或者有关报告进行审议。联组会议一般听取分组会议审议时各组提出的审议意见，对议案草案、决议决定草案或者有关报告的重大问题进行审议。全体会议和联组会议一般由主任或者其委托的副主任主持。分组会议的召集人名单一般由常委会办事机构拟订，主任会议确定。分组名单一般由常委会办事机构拟订，报秘书长审定，并定期调整。

▲ 2022年5月31日，广东省十三届人大常委会第四十三次会议第一次全体会议召开。

延伸阅读：一次省级人大常委会会议的主要议程

2022年5月31日至6月1日，广东省十三届人大常委会第四十三次会议在广州召开。会议完成了21项议程，包括审议通过《广东省乡村振兴促进条例》《广东省土地管理条例》《广东省优化营商环境条例》等3部地方性法规，修改了5部地方性法规，废止1部地方性法规；审议通过关于批准广州、珠海、汕头、佛山、东莞、阳江等市和乳源瑶族自治县有关法规、决定的决定；审议通过关于重新确定设区的市人民代表大会常务委员会组成人员名额的决定；审议了省政府3个有关工作报告、省法院关于知识产权审判工作情况的报告，省人大常委会执法检查组关于检查《中华人民共和国环境保护法》《广东省环境保护条例》实施情况的报告等。会议还表决通过了有关人事任免案。[1]会议议程和日程的紧凑，成果的丰硕，反映了全面依法治国背景下地方人大工作的繁忙和会风的改进。

延伸阅读：地方人大常委会主任会议

地方人大常委会主任会议是处理地方人大常委会重要日常工作的机构。省、自治区、直辖市、自治州、设区的市的人民代表大会常委会主任、副主任和秘书长组成主任会议；县、自治县、不设区的市、市辖区的人民代表大会常委会主任、副主任组成主任会议。主任会议处理地方人大常委会的重要日常工作：决定常委会每次会议的会期，拟订会议议程草案，必要时提出调整会议议程的建议；对向常委会提出的议案和质询案，决定交由有关的专门委员会审议或者提请常委会全体会议审议；决定是否将议案和决定草案、决议草案提请常委会全体会议表决，对暂不交付表决的，提出下一步处理意见；通过常委会年度工作计划等；指导和协调专门委员会的日常工作；其他重要日常工作。主任会议实行集体负责制，讨论问题时一般以少数服从多数的原则进行。

---

1 广东省人大网：《广东省十三届人大常委会第四十三次会议议程》，http://www.rd.gd.cn/rdhy/cwhhy/hybd/43hy/ycrc/content/post_172889.html；《广东省十三届人大常委会第四十三次会议闭幕》，http://www.rd.gd.cn/rdhy/cwhhy/hybd/43hy/hybd/content/post_172881.html。

九、人大对外交往工作

全国人大对外交往是我国总体外交的重要组成部分，是我国与外国议会交流合作的主渠道，在营造良好外部环境，维护国家主权、安全、发展利益方面发挥着重要作用。根据宪法规定，全国人大及其常委会有权行使涉及外交方面的相关职权。2021年新修订的全国人大组织法规定，“全国人大及其常委会积极开展对外交往，加强同各国议会、国际和地区议会组织的交流与合作”，从法律上明确了人大的外交职责。对外交往工作与立法工作、监督工作、代表工作和常委会自身建设，共同构成全国人大及其常委会工作的重要内容。

（一）全国人大对外交往与人大制度同步诞生同步发展

全国人民代表大会成立伊始，就把对外工作放在重要位置。周恩来总理在一届全国人大三次会议上指出：“在各国人民的接触中，各国议会代表团或者议员之间的互相访问，已经成为一种越来越重要的形式。”[1]从1955年到1964年的全国人大常委会工作报告，第一部分都是“在国际事务方面”的内容。那一时期，全国人大对外交往为推动我国第二次、第三次建交潮发挥了积极作用。

1 周恩来：《关于目前国际形势、我国外交政策和解放台湾问题的发言（之二）》，《人民日报》1956年6月29日。

延伸阅读：全国人大对外交往中的“第一次”

1954 年 9 月，一届全国人大一次会议召开，44 名外国驻华使节和外交官员、39 名外宾应邀出席开幕式，由此拉开了全国人大对外交往的序幕。

全国人大接待的首个外国议会代表团，是由日本国会议员上林山荣吉率领的日本国会访华代表团。

1956 年 11 月 15 日至 1957 年 2 月 1 日，一届全国人大常委会副委员长彭真率领全国人大代表团对苏联、捷克斯洛伐克、罗马尼亚、保加利亚、阿尔巴尼亚和南斯拉夫六国进行访问。这次是全国人大第一次派代表团出访外国，增进了同社会主义国家之间的了解和团结。

1956 年 6 月下旬，芬兰议长苏克舍拉宁率领的访华代表团，是最早访华的西方国家议会代表团之一。代表团成员不仅获得毛泽东、刘少奇、周恩来等接见，苏克舍拉宁议长还应邀在一届全国人大三次会议上发表演讲。

▲ 1956 年 6 月 28 日，芬兰议长苏克舍拉宁应邀在一届全国人大三次会议发表演说。

改革开放以后，党和国家工作重心转向经济建设，人大对外交往积极配合国家经济建设，服务构建对外关系新格局，走上迅速发展的快车道，为推动对外开放和合作，营造有利于国家发展和民族复兴的良好外部环境作出重要贡献。

党的十八大以来，以习近平同志为核心的党中央站在国家发展新的历史起点上，着眼国内国际两个大局，牢牢把握服务民族复兴、促进人类进步主线，推进对外工作理论和实践创新，形成并确立习近平外交思想，指导中国外交取得一系列历史性、开创性成就，开辟了一条中国特色大国外交之路。在习近平外交思想指引下，人大对外交往紧跟党中央步伐，全面深化对外交流合作，在增进政治互信、推动务实合作、加深人民友谊等方面发挥了重要作用。

延伸阅读：开启人大“云外交”模式

新冠疫情改变了外事活动形式，但没有阻隔人大的对外交往。疫情暴发后，全国人大迅速开启“云外交”模式，通过举行线上双边活动、出席视频国际会议、开展通话等方式拓展对外交流方式，同时有序组织线下外事活动，实现线上线下一体推进、双边多边紧密呼应，不断为促进国家关系发展和稳固我国全球伙伴关系网络注入动能。截至 2022 年 6 月，全国人大共举行线上活动 201 场、通话 20 多次，出席视频国际会议 108 场，组织线下外事活动 57 起，外交信函往来近 1400 件。从数量上看，疫情常态化背景下人大的对外交往非但没有减少，反而日益活跃，这充分体现了人大对外交往的灵活性，也进一步凸显了人大对外交往在我国外交“一盘棋”中的特殊重要作用。

（二）全国人大对外交往形成了多层次、多渠道、多形式、全方位格局

全国人大对外交往工作的一大特点就是具有鲜明的层级性，既有以全国人大名义开展的和外国议会之间的交往，也有专门委员会、友好小组、办事机构之间的交流；既有领导人之间的交往，也有代表与议员、工作人员之间的交往。

高层交往是全国人大对外交往的重点。全国人大顺应外国议会高层要求访华和推动合作的意愿，将外国议会领导人“请进来”，促进各国议会客观了解中国国情，展示中国改革开放姿态与决心，为推进对外务实合作增添动力。在“走出去”方面，根据国家总体外交部署，委员长会议组成人员亲自率团出访，全面介绍中国国情，有针对性地做外国议会的工作，深化与有关国家议会的交往与合作。

延伸阅读：历任全国人大常委会委员长出访情况

六届全国人大开始，全国人大常委会委员长率团赴国外访问。1985年，应日本国会众参两院议长邀请，彭真委员长携夫人出访日本，其间在日本国会众议院议事堂发表演讲。八届全国人大开始，委员长每年均赴国外访问。2020年新冠疫情发生以来，出访活动受到限制，通过线上方式进行对外交往逐渐成为常态。

建立和完善定期交流机制是全国人大保持与主要国家议会和国际议会组织间对话沟通的一项开创性举措。全国人大于1985年成立对英、法、意等9国及欧洲议会共10个双边友好小组，此后友好小组数量不断增加，形成了涵盖“大国”“周边”“发展中国家”和“多边”

等领域、积极呼应国家外交总体布局要求的定期交流机制格局，确保全国人大与外国议会的交往不因议会换届而中断，不因领导人更迭而改变。为加强与建立定期交流机制的国家和地区议会组织的联系，全国人大向我驻有关国家和国际议会组织的使馆（团）派遣工作人员，专职负责与外国议会的经常性联系。目前，全国人大与有关国家建立了135个友好小组，与22个国家议会和欧洲议会建立了定期交流机制，与近190个国家和地区议会保持交往与联系。

延伸阅读：最早的定期交流

定期交流机制起步于20世纪80年代。早在1981年，全国人大就与欧洲议会建立起了定期会晤制度。欧洲议会成立了欧洲议会对华关系代表团，中方则成立了全国人大—欧洲议会关系小组。双方每年会晤一次，欧洲议会均派出由各主要党派议员组成的强大阵容出席，全国人大也针对会晤的议题派出资深人士出席，双方就政治、安全、经济、社会等议题广泛深入交换意见。欧洲议会许多参加会晤的议员表示，过去从媒体上得到的关于中国的信息是片面、不准确的，应该客观地认识和介绍中国，让更多人了解中国的真实情况。与欧洲议会的定期会晤机制为全国人大全面开展议会机制交流积累了经验，奠定了基础。

开展议会多边交往是全国人大积极开展对外宣传、提升我国影响力、维护国家利益的重要途径。长期以来，全国人大高度重视在议会多边舞台配合国家总体外交，积极发挥独特作用，作出特殊贡献。1981年10月，全国人大首次承办国际会议——亚洲议员人口和发展会议。1984年4月，全国人大正式加入各国议会联盟这一世界上最大的议会间组织，开启了中国最高国家权力机关参与议会多边交往的新阶段。目前，全国人大已成为各国议会联盟、亚太议会论坛、亚欧议会伙伴会议、亚洲议会大会等20多个国际和地区议会组织的成员或观察员。全国人大常委会委员长出席历次世界议长大会并发表重要讲话，重要多边会议均由委员长会议组成人员率团参加。中国声音在议会多边舞台得到广泛响应，广大发展中国家议会高度认可中国理念，赞赏并支持我国为增强发展中国家在国际事务中的代表性和发言权所作的不懈努力。

延伸阅读：一次特殊的世界议长大会

2020年8月19日，全国人大常委会委员长栗战书以视频方式出席第五次世界议长大会，发表题为《携手抗疫，共建人类命运共同体》的讲话。这是全国人大常委会委员长首次以视频方式出席世界议长大会。世界议长大会由各国议会联盟主办，是世界上规模最大、层次最高的议会界盛会，自2000年起每5年举办一次。第五次世界议长大会主题是“发挥议会领导力，强化多边主义，为世界和人民带来和平与可持续发展”，来自世界113个国家的130多位议会领导人出席大会，联合国秘书长古特雷斯、议联主席奎瓦斯等致辞。栗战书委员长的讲话，在各国议会联盟官网的醒目位置播出，赢得了与会各国议会领导人的高度赞赏。讲话中的一些数据和事例被写入议联大会报告，中国的抗疫贡献、成就和经验受到与会各方高度评价。议联主席奎瓦斯表示，中方在全球抗疫中表现出色，“构建人类命运共同体”理念为各国抗击疫情指明了方向。印度尼西亚议长马哈拉尼、摩洛哥参议长本希马等外国议会领导人积极回应栗战书委员长提出的建议和主张，重申这场疫情再次表明，各国利益相连，人类命运与共。

全国人大重视开展与外国议员、专门委员会、友好小组的交流，推进对话机制、办事机构和地方立法机构之间的交流。全国人大各委员会每年均组派代表团出访，大部分委员会与外国议会相关委员会建有对口交流合作关系，形成了相对完善的交流体系。在各层次交流中，积极开展治国理政经验交流，增进国际社会对中国内外政策的理解认同，服务国家软实力建设。广泛开展立法交流，围绕我国深化市场经济体制改革、建设完善社会主义市场经济体制的迫切需要，开展数百个立法考察交流项目，组织若干次立法工作国际研讨会，深入调查研究各国经验，为建设中国特色社会主义法律体系作了重要积累。广交深交朋友，不断壮大外国议会中的知华友华力量，塑造了一批能为我说话的“铁杆”朋友。青年、妇女和少数民族人大代表不断参与到对外交往中，成为深化友好交流和开展对外宣介新的有生力量。

延伸阅读：全国人大西藏代表团

2009 年 3 月，全国人大西藏代表团第一次走出国门，向世界展示西藏的真实面貌，开启了一步一个脚印为西藏“正名”的历史征程。经过 10 年时间，全国人大连续派出 22 个西藏代表团，82 人次西藏各级人大代表参与，访问了美国、加拿大、巴西、澳大利亚、日本、蒙古、瑞士等 23 个国家和欧洲议会。代表团成员身着藏服、口说藏语、敬献哈达，用自己的亲身经历介绍西藏发生的翻天覆地的变化，用生动的事例和翔实的数据描述西藏在经济发展、环境保护、公民权利和宗教信仰等方面的成就，让外国了解真实的西藏。组派全国人大西藏代表团出访，已成为全国人大对外交往的一个品牌。

▲ 2009 年 3 月，全国人大西藏代表团举行记者会，介绍访问美国、加拿大取得的成果并回答记者提问。（来源：中国人大网）

（三）全国人大对外交往具有鲜明特点和独特优势，为国家总体外交作出重要贡献

习近平总书记指出，立法机构交流在双边关系中扮演着重要角色[2]。各国议会在本国政治生活中占有举足轻重的地位，议会职能决定其能够影响政府的内外政策，从而对国家关系产生重要影响。立法机构的交流合作、代表与议员直接交往是国家关系的重要组成部分，也是增进人民相互了解和友谊的重要渠道。在党的领导下，全国人大的对外交往逐步显示出独特优势，发挥着独到作用。

2　比如，2014 年 7 月 16 日，习近平总书记在巴西国会的演讲中指出："立法机关在国家社会政治生活中起着重要作用，立法机关成员直接交往是双边关系的重要组成部分。"

全国人大的对外交往具有坚实的民意基础和广泛的代表性。全国人大是最高国家权力机关，代表人民行使国家权力。全国人大的对外交往，既能够代表中国的国家利益和国家意志，又可以直接表达人民的意愿，是“权威性”和“民意性”的完美结合。各国议员也来自不同选区，分属不同政党，代表不同利益集团和选民利益。全国人大与各国议会加强交往，能够推动人民之间和地方之间的交流，增进相互了解和友谊。

▲ 基层全国人大代表通过视频连线方式参加各国议会联盟第142届大会青年议员论坛。（来源：中国人大杂志）

全国人大的对外交往领域广阔、内容丰富，为国家关系的发展充实新的内容。邓小平同志曾经指出：“建设一个国家，不要把自己置于封闭状态和孤立地位，要重视广泛的国际交往，同什么人都可以打交道，在打交道的过程中趋利避害。”[3]这一点在全国人大的对外交往中得到了较好的体现。作为立法机关，全国人大的对外交往着力促进立法交流，为展示我

3 邓小平：《解放思想，独立思考》，载《邓小平文选》第三卷，人民出版社1993年版，第260页。

▲ 邀请外国驻华使节旁听全国人民代表大会会议已成为惯例。图为 2022 年 3 月 5 日，外国驻华使节旁听十三届全国人大五次会议开幕会。 （来源：新华社）

国法治建设成果、借鉴世界优秀的法治文明成果提供有效途径，为经贸合作、人文交流提供法治保障。加强治国理政经验交流是全国人大对外交往的一项重要任务。这些年来，全国人大在对外交往工作中，高举中国特色社会主义旗帜，宣传和维护人民代表大会制度，通过安排外国驻华使节旁听“两会”，组织人大代表讲述基层抗疫、复工复产故事等方式，向国际社会讲述中国人大故事、中国制度故事，增进国际社会的理解和认同。全国人大对外交往的接触面宽，对象广泛，既开展与执政党议员的交流，也开展与在野党议员的交流；既同外国议会接触，也同外国政府、社会各界团体及有关人士接触；既同与我有外交关系的国家议会交往，也同与我没有外交关系的国家议会交往；既同资深政治家进行交流，也重视同年轻议员的交流，为未来的合作打下基础。全国人大聚集了各方面的代表人士，是人才济济、专家云集之地，可以充分发挥10个专门委员会的作用，在国家关系的各个领域广泛开展交流与合作。

延伸阅读：外国政要点赞基层立法联系点

近年来，人大工作实践中的新进展新成效受到国际社会的关注。一些外国议会领导人和议员及外国驻华使节在参观了上海长宁区虹桥街道基层立法联系点后，纷纷为之点赞。智利驻华大使施密特表示，这是中国的一个特色，以前从来没有在其他国家看到这样一个社区中心，所有人都可以进来发表他们的意见，并以这种方式参与立法过程。巴哈马驻华大使匡特说，让这么多普通市民参与立法很难得，尤其还有很多外籍居民也参与其中。坦桑尼亚国民议会议长恩杜加伊和埃及

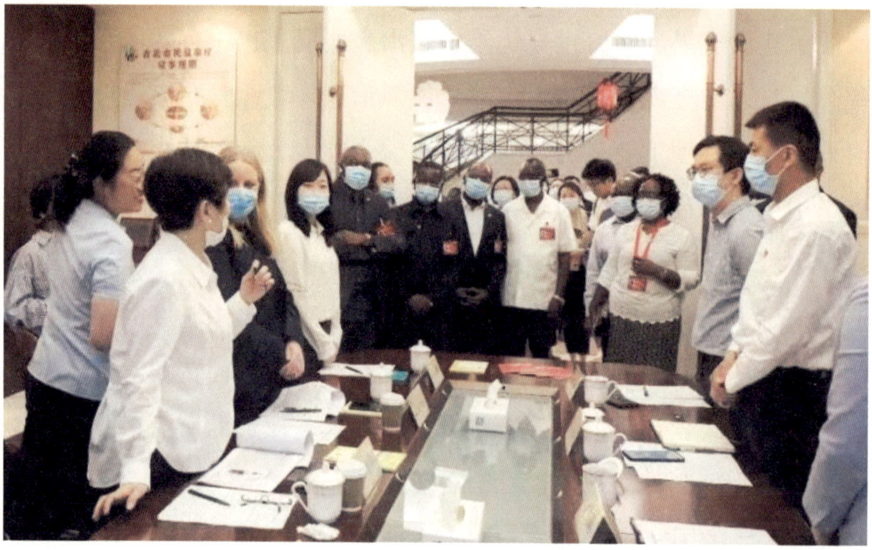

▲ 2021年6月17日，多国驻华使节走进上海虹桥街道古北市民中心基层立法联系点。（来源：网络图）

前议长表示，设立基层立法联系点，让民众直接参与国家的立法进程，推动提高了立法质量，更好地保护了公民合法权益，做到了科学立法和民主立法相结合。圣多美和普林西比国民议会议长内韦斯说，民主制度不只是选举，也不是永远不变的一个模式，而是需要不断完善发展。中国的民主制度比世界上许多国家做得都好。

全国人大的对外交往形式多样、方式灵活，为国家关系的发展增添了新的动力。周恩来总理曾经说过，外交工作首先是做人的工作，朋友越多越好。全国人大对外交往具有"亦官亦民"的特点，既体现国家意志又代表民意，话语权灵活，能够为国家外交创造工作空间和回旋余地。在国家关系发展顺利时，巩固友好，锦上添花；在国家关系发展受阻时，沟通斡旋，促进转圜。借助议会多边外交这一舞台，可以加强同世界各国议会的友好交流与合作，提升我国的国际地位，展示我国负责任的大国形象。

延伸阅读：全国人大对外研讨班

开展治国理政经验交流，讲好中国民主法治故事，是全国人大对外交往的重要内容。从 2016 年起，全国人大与各国议会联盟合作举办亚非国家议员研讨班，与发展中国家交流发展经验、分享发展成果，并通过富有特色的地方参访活动，让外国议员收获"百闻不如一见"的效果。疫情发生以来，人大"好声音"通过"云端"持续传播。全国人大先后与肯尼亚议会、柬埔寨国会、非洲四国议会、中亚五国议会、北非三国议会举行线上研讨交流会，分享中国的抗疫经验，特别是在公共卫生领域的立法经验，以及立法机构推动社会复工复产、助

▲ 全国人大与各国议会联盟首次合作举办的亚非国家议员研讨班一行赴广西马山县考察旅游扶贫情况。（来源：中国人大网）

力脱贫攻坚的有效举措，彰显中国制度优势和治理效能。近年来，研讨班已成为对外讲好中国民主故事的重要平台，为全国人大对外交往开辟了新渠道、打造了新亮点。越来越多的外国议员在这种“体验式”交流中亲身感受全过程人民民主焕发的勃勃生机，进一步理解了“人民当家作主”的丰富内涵。

对外发声是人大服务国家外交总体布局的一种重要方式。全国人大作为最高国家权力机关和最高立法机构，在涉及国家根本利益和重大原则等涉外问题上亮剑发声，同危害我国家利益和民族尊严的言行进行法律的、政治的、外交的斗争。

延伸阅读：人大对外发声的几种方式

1954年全国人大成立以后的30年时间里，主要由常委会承担对外发声任务，通过在涉及和平、裁军、边界、涉台等问题上表明立场，为我国争取国际战略主动、维护核心利益。1983年六届全国人大一次会议设立外事委员会后，对外发声工作转由外事委员会承担，主要方式有外事委员会发表声明、外事委员会负责人谈话和外事委员会致函，此外也通过接受记者采访等其他方式，阐明对有关重大问题的严正立场。2019年，十三届全国人大建立外事委员会、常委会法工委发言人机制，进一步丰富对外发声方式，增强发声力度和实效。十三届全国人大以来，以全国人大常委会发言人、外事委声明和外事委发言人、法工委发言人等名义对外发声30余次，对美西方议会的不当决议、议员的不当言行等正声辟谣、发声亮剑，有力捍卫了我国主权、安全、发展利益。

随着对外经济、人文、科技等领域的交往愈发频繁，地方人大作为地方权力机关，开展的对外交往越来越频繁和活跃。相比全国人大，地方人大的对外交往紧紧围绕地方党委政府的工作重点，聚焦立法、监督等重点工作，更具地方特色，方式也更加灵活多样。比如，地方人大有针对性做外国地方议会议员的工作，根据外宾的兴趣和专业背景安排参访考察项目，让他们更好地了解中国改革与发展；与外国地方议会开展机制性互访交流；安排各级人大代表参与对外交往活动；组织或参加国际会议等。地方人大的对外交往，在树立良好国家形象、增进民众友谊、推动务实合作等方面发挥了重要作用，丰富了人大对外交往的内涵，也增强了人大对外交往的实效。

参考文献

1. 《毛泽东文选》（1—4 卷），北京：人民出版社，1991 年 6 月第 2 版。
2. 《邓小平文选》（1—3 卷），北京：人民出版社，1993 年 10 月第 1 版。
3. 《邓小平年谱（一九七五—一九九七）》（上、下卷），北京，中央文献出版社，2004 年 7 月第 1 版。
4. 《江泽民文选》（1—3 卷），北京，人民出版社，2006 年 8 月第 1 版。
5. 《胡锦涛文选》（1—3 卷），北京，人民出版社，2016 年 9 月第 1 版。
6. 习近平：《习近平谈治国理政》（1—4 卷），北京：外文出版社，2014 年至 2022 年出版。
7. 习近平：《论坚持人民当家作主》，北京：中央文献出版社，2021 年 11 月第 1 版。
8. 习近平：《论坚持全面依法治国》，北京：中央文献出版社，2020 年 12 月第 1 版。
9. 习近平：《高举中国特色社会主义伟大旗帜 为全面建设社会主义现代化国家而团结奋斗——在中国共产党第二十次全国代表大会上的报告》，北京：人民出版社，2022 年 10 月第 1 版。
10. 中央文献研究室编:《习近平关于全面依法治国论述摘编》,北京: 中央文献出版社，2015 年 4 月第 1 版。
11. 《改革开放三十年重要文献选编》（上、下），北京：人民出版社，2008 年 12 月第 1 版。
12. 中央文献研究室编：《十八大以来重要文献选编》（上、中、下），北京：中央文献出版社，2015 年至 2018 年出版。
13. 中央文献研究室编：《十九大以来重要文献选编》（上），北京：中央文献出版社，2019 年 9 月第 1 版。
14. 中央文献研究室编：《十九大以来重要文献选编》（中），北京：中央文献出版社，2021 年 10 月第 1 版。
15. 全国人大常委会办公厅、中共中央文献研究室编：《人民代表大会制度重要文献选编》（全 4 卷），北京：中国民主法制出版社、中央文献出版社，2015 年 2 月第 1 版。

16. 全国人大常委会办公厅编：《全国人民代表大会及其常务委员会大事记（1954—2014）》，北京：中国民主法制出版社，2014 年 9 月第 1 版。

17. 本书编写组：《人民当家作主：人民代表大会制度的运行和发展》，北京：人民出版社，2020 年 11 月第 1 版。

18. 中国人民代表大会制度理论研究会编：《人民代表大会制度从这里走来》，北京：中国民主法制出版社，2021 年 1 月第 1 版。

19. 刘政：《人民代表大会制度的历史足迹》（增订版），北京：中国民主法制出版社，2014 年 10 月第 1 版。

图书在版编目（CIP）数据

人民代表大会制度 : 全过程人民民主的重要制度载体 / 本书编写组编著 .
-- 北京 : 五洲传播出版社 , 2023.10

ISBN 978-7-5085-5122-7

Ⅰ . ①人… Ⅱ . ①本… Ⅲ . ①人民代表大会制－研究－中国 Ⅳ . ① D621

中国国家版本馆 CIP 数据核字 (2023) 第 194275 号

“认识中国·中国基本制度”系列丛书

人民代表大会制度：全过程人民民主的重要制度载体

编　　著：本书编写组
出 版 人：关　宏
责任编辑：王　峰
策　　划：常武显
出版发行：五洲传播出版社
地　　址：北京市海淀区北三环中路 31 号生产力大楼 B 座 6 层
邮　　编：100088
发行电话：010-82005927　010-82007837
网　　址：http://www.cicc.org.cn　http://www.thatsbooks.com
排版制作：北京嘉悦信包装有限公司
印　　刷：北京市房山腾龙印刷厂
版　　次：2023 年 11 月第 1 版第 1 次印刷
开　　本：787 mm × 1092 mm　1/16
印　　张：13
字　　数：116 千字
定　　价：58.00 元